プロ野球ビジネスの
ダイバーシティ戦略

改革は辺境から。地域化と多様化と独立リーグと

小林 至
Itaru Kobayashi

［監修］
武藤泰明

PHP研究所

監修者の言葉

鹿鳴館時代と呼ばれる期間があった。時代というには短いが、明治16
(1883) 年から 20 (1887) 年の、4 年余りを指す。同名の建物が、晩餐会や舞
踏会で日本政府が外国の賓客と社交するために建設された。鹿鳴は詩経によ
り、もてなしを意味する。建物は既にないが、当時日本人が着ていた洋装が
残っていて、女性もののサイズは、現代ふうに言うと 3 号なのだそうだ。現
在の小学校 5 年生くらいの体格である。

舞踏会には高官の妻女だけでは人数が不足し、芸妓や高等女学校の生徒も
動員された。学校制度が未確立の時期だが、高等女学校は現在の中学 1 年生
から高校 2 年生に相当する。つまり、12 歳から 17 歳。芸妓が高等小学校を
出ていたとすると、卒業時の年齢は 13 歳である。それからの 130 余年の日
本人の体格向上を考えると、鹿鳴館時代の 3 号はわからないでもないのだ
が、その小さな女性たちが大柄な白人と相対するところを想像すると、何か
当時の日本の必死さが伝わってくるように思える。

鹿鳴館に限らず、おそらくずっと日本はこうしてきたのではないか。早急
に追いつくために必死に学ぶ。必死に真似る。後発の宿命として、何か滑稽
だったり、ちぐはぐだったり、大事なことが抜けていたり、決定的に違った
りするのは毎度のことである。それでも和魂洋才、真似るだけではなく、日
本的なものに変容させていく。そして時には、当初滑稽だったものが、外国
のオリジナルよりも優れた成果をもたらすようにもなる。古くは造船、鉄
鋼、近年では半導体、炭素繊維などがこれに該当するのだろう。私にはトヨ
タの自動車が世界的に見て特に優れたものかどうかはわからないが、少なく
ともその生産方式は世界一である。

E・フェルプスの『なぜ近代は繁栄したのか』(みすず書房、2016 年) によ
れば、近年のイノベーションのほとんどは米国発である。つまり世界は、米
国を模倣し、そのイノベーションをそのまま、あるいは選択的に受容してい

る。現在の米中貿易戦争も、問題は米国だけでなく、米国の技術と市場に大きく依存しながら米国に政治的に対抗しようとする中国の行動にも無理があると考えてみるべきなのかもしれない。

その米国は、技術革新だけでなく、さまざまなスポーツを生み出した。シュムペーターに立ち戻るまでもなく、イノベーションは技術に限らない。野球、バスケットボール、バレーボール、アメリカンフットボールはいずれも米国で生まれた立派なイノベーションである。そして面白いのは、種目によって他国への伝播普及経路と程度が異なるという点である。オリンピック種目になっているかどうかというのが、その象徴的な指標である。バスケットボールやバレーボールは「世界化」している。アメリカンフットボールは、米国（とカナダ）の外では、ほとんど発展していない。ついでに言えば、バレーボールは世界化しているが、米国にはプロリーグがないという、言わば空洞化の生じている種目である。そうであるにもかかわらず世界ランクは日本よりはるか上位にある。不思議な国であるとつくづく思う。

そして野球は、アメリカンフットボールに近い。つまり、あまり「世界化」していないのだが、米国に近い中米・カリブ諸国を除くと、最も野球が普及しているのは日本であろう。普及しているだけでなく、かつての野茂英雄、あるいは今年（2019年）引退したイチローを見るまでもなく、競技水準も高い。

米国で生まれたこれらの種目は、それぞれ発展経路が異なる。そしてそれだけでなく、他国に伝播していったそれぞれの種目は、その国において、米国とは異なる発展の仕方をしているように思われる。小林至氏が本書でみごとに描いてみせたのは、日米プロ野球選手の供給ルートの違い、経済学の用語を使えば労働力供給経路の違いである。

競技水準を高めるための方法については「底辺論」と「頂点論」がある。底辺論は、競技人口の底辺を広げれば、おのずと最上層の競技水準が上がっていくというものである。これに対して頂点論は、まずトップレベルの競技で実績を上げれば、競技人口が増えるとともに競技水準もさらに向上していくという論理である。どちらが正しいのかについて、なかなか、あるいは永

遠に結論は出ないのだが、頂点か底辺かという二元論はあまり有効ではないのかもしれない。私が重要だと考えているのは「頂点のすぐ下の底辺」である。サッカーで言えば頂点は代表チームであり、この「すぐ下の底辺」であるJリーグが充実したことによって、代表は強くなり、競技人口も増えた。

　この観点で野球を眺めるなら、日本の頂点はNPBであり、すぐ下の底辺は高校、大学、そして社会人野球である。社会人野球の選手はプロで即戦力として通用する。その意味では、第一の「すぐ下の底辺」と言うことができるのだろう。そして米国にはこのような社会人野球が存在しない。

　一方、米国にあって日本にはない「頂点のすぐ下の底辺」は、マイナーリーグである。日本の球団には二軍、場合により三軍があるのだが、米国とは構造が異なる。日本の二軍は、一軍と同じ会社が保有し、ほとんどの場合フランチャイズ都市をもたない。一種のコストセンターである。これに対して米国のマイナーリーグは、選手がMLB球団に所属し年俸を得ているというところは日本の二軍と同じなのだが、リーグに属するチームには独立した経営主体と、MLBの親球団とは異なる本拠地がある。チーム名も異なる。そしてそれぞれのチームが、プロフィットセンターとしてビジネスをしている。各チームの所在都市と住民は、これらのチームをMLB親球団の配下チームとしてではなく、その都市のチームとして応援しているのである。マイナーリーグというと、AAA、AAそしてシングルAの3つの階層があることを知っている人は少なくないと思うが、このようなマイナーリーグのビジネスモデルの成功を背景に、現在のマイナーリーグは7つの階層で構成されている。

　日本では、1990年代のバブル崩壊からのいわゆる「失われた20年」の影響を野球界も受けた。社会人野球の休廃部が相次ぎ、NPBの人材募集プールは縮小した。しかし、小林至氏の論考にもある通り、それにもかかわらず、社会人野球からドラフトを経てNPB球団に入団する選手は減少していない。つまり、社会人野球という、NPBの「頂点のすぐ下の底辺」が選手供給経路として果たす役割は、毀損しなかったのである。しかし問題は小さくない。社会人野球全体としての保有選手数が減少したからである。プロを

夢見て野球を続ける場所は、小さくなってしまった。また社会人野球は、プロに行けない選手には、大企業の社員としての長期雇用と安定した待遇を保証するという、選手から見ると「失敗のないオプション」を提供する装置でもあった。

　これと交代するように、同じ時期に誕生したのが独立リーグである。もちろん、社会人野球のように人生のオプションが提供されるわけではなく、不安定である。それでも日本の独立リーグ球団は既に15を数え、球団数としてはNPBより多い。日本は米国のようなマイナーリーグが形成されていないなかで独立リーグが生まれており、これも米国とは異なる発展経路である。そして米国とは違い、独立リーグの選手は、ドラフト・育成ドラフトによりNPB球団の選手になることができる。つまり日本の独立リーグは、NPBという頂点のすぐ下の底辺として機能するようになっている。

　ところで、米国のマイナーリーグはなぜかくも大きくなったのか。この理由について私見を示せば、コスト面から見て合理的なのではないか。

　マイナーリーグのない状態を想定するなら、MLB球団への学校以外の選手供給経路は、独立リーグと国外である。いずれも選手獲得に移籍金を要する。現在NPBからMLBに選手が移る場合、MLB球団がNPB球団に支払うものは譲渡金と呼ばれるが、田中将大、大谷翔平、前田健太の譲渡金はいずれも2000万ドル（20億〜23億円）であった。マイナーリーグの選手の平均年俸を仮に5万ドルとすると400人分である（5万ドルより年俸の多い選手もいるだろうが、最下層のリーグまで含めて平均するともっと低いかもしれない）。つまり、譲渡金一人分でマイナーリーグ全体の人件費を賄うことができる。松坂大輔とダルビッシュ有の時代は「入札額」であったが、いずれも5000万ドルを超えた。MLBから見てマイナーリーグは「もとがとれる」のである。

　つまりおそらく、MLBは経済合理性の観点から、意図的にマイナーリーグを発展させてきたのだが、そうであれば、マイナーリーグが発展すればするほど、米国の独立リーグは停滞、あるいは縮小していくはずである。MLBを目指すような選手は皆、マイナーリーグを目指すことになると思わ

れるからである。

　面白いのは、実際にはそうならず、独立リーグもみごとに発展しているという点である。マネジメントの研究者は、ほとんど常に、優れた現実に後れを取る。理論的にはあり得そうにない、マイナーリーグと独立リーグの同時発展が、米国では現実のものになっている。小林至氏が実証してみせたのは、MLBおよびマイナーリーグのチームと独立リーグのチームとの間で、フランチャイズ都市が重複しないようルールが定められたことによって、独立リーグが急速に発展したという事実である。米国の都市は、野球チームを求めているということでもある。都市から見て独立リーグのチームは、MLBやマイナーリーグのチームを誘致できない場合の代替物かもしれないが、独立リーグであっても、そのチームが本拠地を構えることを歓迎する都市が少なからず存在している。そして都市は、かなりの好条件を提示して独立リーグのチームを誘致しようとする。都市によるチーム需要に比べて、供給されるチーム数が少ないからである。

　日本では前述の通り、独立リーグに属する選手は、ドラフト・育成ドラフトを経てNPB球団に入団することができる。この点において、独立リーグは既に、「すぐ下の底辺」として、NPBを頂点とするシステムに組み込まれているように思える。したがって、NPBは独立リーグの優れた選手がドラフトにかかるのを待てばよい。これはこれで、お金のかからない合理的なしくみだと言うことができるだろう。

　しかし一方で、日本の独立リーグの経営は、これまであまりうまくいっていない。揺籃期の試行錯誤と言ってしまえばそれまでだが、そうであるとすると、NPBにとっての「すぐ下の底辺」としては、いかにも安定感を欠いていると言わざるを得ない。NPBとしては、この底辺を盤石にすることに意味があるように思われる。

　ではその経営を安定させるにはどうすればよいか。いくつかの方法があるものと思われるが、小林至氏の提案は、現在の独立リーグを、NPBのマイナーリーグとして再編・配置するというものである。詳細は当然のことながら本文に譲るとして、重要なのは、プロ野球チームを求める都市が、日本に

おいてもある程度の数にのぼると想定できることである。経済成長期のプロ野球は、広島を除く11球団は、4大工業地帯に所在していた。そしてその後、パ・リーグの球団はすべて本拠地を移転ないし新たに設けている。そのうち北海道、仙台、千葉、所沢（埼玉県）は、NPBのフランチャイズ経験のない都市である。福岡市はライオンズからホークスにチームが変わり、オリックスは神戸から大阪に、同じ関西圏とはいえ移転している。そして6つの球団はそれぞれの都市からみごとに受け入れられているし、そのための球団側の努力は、かつての「大工業地帯」型のチームには見られなかったものであると言ってよいだろう。都市は球団を歓迎し、球団は受け入れられるために努力し、成果を生んでいる。このモデルを「底辺のすぐ下」のチームにも適用させていけばよいのではないかということである。

　さて、一定の需要が見込めるとして、残る課題はマイナーリーグに再編されたチームの経営がうまくいくかどうかであるが、この点について、私は楽観してよいと思っている。理由は2つある。第一に、Jリーグが発足して四半世紀余りが過ぎ、地域密着型のプロチームがどのようなものであるかということについての、漠然とした合意や常識のようなものが、日本にも生まれつつあるように思える。おそらく経営は楽ではないが、どのようなアクティビティが必要で、地元はどのように支援していけばよいかについて、わかっている人がかなり増えている。

　そして第二に、優れた経営者、特に新興企業の経営者が、プロスポーツに目を向けつつある。古くはソフトバンク、それ以降、楽天、DeNA、最近ではジャパネット等、これらの経営者が、それまでのスポーツ界とは異なる性格の成果を上げていることは説明するまでもないだろう。したがって、再編・新設されるマイナーリーグの経営は、米国MLBと同様に、NPBの親会社とは独立したものとして構想されることが望ましい。日本もそんな時代になったこと、なっていくべきであることを、小林至氏は示してくれているように思うのである。

　2019年8月　　　　　　　　　　　　　　　　　　　武藤泰明

プロ野球ビジネスのダイバーシティ戦略

contents

監修者の言葉　　武藤泰明

第1章　プロ野球をより価値の高い
ビジネスにするために考えるべきこと

1　スポーツ興行の地産地消が日本の目下の課題 ……………………… 14

2　なぜ日本ではマイナーリーグよりも先に独立リーグが生まれたのか … 17

3　日本のプロ野球ビジネスが舵を取るべき方向とは ………………… 19

4　プロ野球ビジネスに関する先行研究 ………………………………… 23

column 1　「令和のプロ野球」が成功するカギ ● 24

第2章　プロ野球選手の輩出元から見えてくる
時代のトレンド

1　社会背景から考えられる2つの仮説 ………………………………… 28

2　人材供給源となる4つの出身母体 …………………………………… 29

　　4つの出身母体の定義 ● 29

　　調査の対象と検討期間 ● 30

3　ドラフト会議が始まってから現在にいたるまでの大きな潮流 ……… 31

　　1965年以降の入団選手の全体像 ● 31

　　出身母体別人数の推移 ● 32

4　取る側と取られる側の思惑が一致した意外な結末 ………………… 35

　　バブル崩壊以降の企業チーム減少による影響 ● 35

　　下降傾向にある高校出身選手 ● 39

　　高卒選手の減少と大卒選手の増加から見えてくること ● 40

　　高校球児の受け皿として存在感が高まる大学野球 ● 42

　　新興大学における野球部の存在意義、その具体例 ● 43

column 2　米大リーグドラフト1位指名選手を獲得したソフトバンクの挑戦 ● 50

第3章 プロ野球新人選手獲得の良循環を生んだ新たなルート

1 ドラフト外での新人選手獲得につながった2つの動き ……………… 54
2 ドラフト指名選手とドラフト外で入団した選手の全数調査 …………… 55
3 新時代2005年以降の調査の意義 ………………………………………… 56
4 買い手市場ドラフト制度の移り変わり ………………………………… 57
  NPB全体の最適化と各球団のせめぎ合い ● 57
  ドラフト制度を骨抜きにしたドラフト外入団と練習生制度の廃止 ● 59
5 プロ野球選手になるための2つめのルート「選手育成制度」の導入 …… 62
  有望選手を獲得・育成できる「受け皿」を望む声、高まる ● 62
  育成ドラフトの指名が多いのは新興大学出身者 ● 64
6 新たなプロ野球リーグ、独立リーグの誕生 …………………………… 66
  独立リーグの出身者、最初のNPB（支配下登録）入り ● 66
  独立リーグの試行錯誤と課題 ● 66
  独立リーグと育成制度の密接な関係 ● 70
  価値が高まる独立リーグの人材 ● 72
7 一体的な成功をもたらした「育成選手制度」と「独立リーグ」 ……………… 76

第4章 経営基盤の確立に苦戦する独立リーグ

1 独立リーグ経営の紆余曲折 ……………………………………………… 80
  資料とヒアリングによる調査 ● 80
  存続の危機にまで瀕したアイランドリーグ ● 81
  失敗に学んだBCリーグの経営 ● 84
2 低値安定期にある独立リーグの現在 …………………………………… 85
3 スポーツ興行のキモとなる観客動員数が伸び悩む ……………………… 91
4 頼みは、地元企業の心意気 ……………………………………………… 93

5	地域密着プロスポーツの、最も効率的な収入源	94
6	成功モデルで注目を集める後援会制度	96
7	地域住民に観戦文化が定着するために必要なこと	97

column 3 アメリカ独立リーグの「観客受け」を狙った新たな試み ● 98

第5章 アメリカのマイナーリーグ（MiLB）は、なぜ発展できたのか

1	アメリカのプロ野球の基本構造	102
2	経営状況についての特徴的な事例の抽出方法	103
3	アメリカトップリーグの新人選手獲得の実情	105
	MLBに入団するための2つのルート ● 105	
	新人選手獲得の日米比較 ● 108	
4	7階層の巨大ファーム組織の実態	109
	契約選手枠と上限数 ● 111	
	レベル別ピラミッド組織ができるまで ● 112	
	独立採算経営を行うマイナーリーグのスキーム ● 113	
5	マイナーリーグ・ビジネスの成功の秘訣	114
	マイナーリーグの売上 ● 115	
	マイナーリーグを支える地方自治体の支援 ● 118	
6	日本のプロ野球（NPB）とメジャーリーグ（MLB）の比較	121
	圧倒的に多いMLBの選手の数 ● 121	
	NPBのドラフト指名枠は、MLBの10分の1 ● 122	
	北米マイナーリーグの役割を担ってきた日本の社会人野球 ● 123	
	日本におけるファームを独立採算経営にする試み ● 125	
7	日本で独立的なマイナーリーグが発展しなかった背景	127

column 4 プロ野球にみる「空気」が支配する日本の労働市場 ● 129

第6章 アメリカの独立リーグの経営が成り立つ背景

1　経営が比較的安定している3団体への調査 ……………………………… 132
2　リーグ・チームの勃興と消滅は日常茶飯事 …………………………… 133
3　北米の独立リーグに在籍していた日本人選手 ………………………… 137
4　独立リーグビジネスのメリット ……………………………………… 138
5　独立リーグビジネスを成功へ導く破天荒のファンサービス ………… 139
6　売上全体の7割を占める来場者の消費 ………………………………… 142
7　目指すのは、地域の健全な娯楽としての地位確立 …………………… 144
8　地域のアイデンティティとして認められるために …………………… 147
column 5　野球場での"宴会"がアメリカ流 ● 148

第7章 アメリカのプロスポーツ球団が果たす経済効果以外の役割

1　地域のプロクラブの成立条件 ……………………………………………… 152
2　税金によるスタジアム建設の支援 …………………………………… 153
3　大規模スポーツ施設の建設は、都市再開発の核となり得るか ………… 155
　　Build it and they will come.（それを作れば、彼らは必ず来る）● 155
　　ダウンタウン再開発のシンボルとなったボルティモア市 ● 157
　　大規模な再開発プロジェクトで町を一変させたクリーブランド市 ● 158
4　スポーツ球団が地域にあるメリット …………………………………… 160
　　地域の人々に安価な娯楽を提供することに徹して復活したレディング市 ● 160
　　レディング市長へのインタビュー ● 163
　　ゲーリー市長へのインタビュー ● 167
　　球場を建設してマイナー球団を誘致したサウスベンド市 ● 169
5　日本とアメリカで大きく異なる運営球団と球団との関係 …………… 175
　　横浜スタジアムとベイスターズのリース契約 ● 175

札幌ドームとファイターズのリース契約 ● 177

民間だけで経営するのは容易ではない ● 178

6 日本でも変化の兆しが見える球団ビジネス …………………… 179

7 地域密着がスポーツ産業興隆のカギ …………………… 182

第8章 日本に野球観戦文化を根付かせるために

1 「経済効果」は現実を反映していない …………………… 186

2 スポーツ球団が地域にあることの意義 …………………… 188

3 独立リーグがもたらした野球界における労働市場の流動化 ………… 191

多様化が進む選手構成 ● 191

野球指導者の人材バンクとしても機能 ● 193

トリプルミッション・モデルを提唱 ● 194

4 独立リーグがNPBの育成組織として生きていく道 …………… 196

年々高まる独立リーグの存在感 ● 196

独立リーグがNPBの傘下になるメリット ● 197

なぜ、NPBとの選手育成契約は実現しなかったのか ● 198

クロフネによる変化の可能性 ● 201

残された課題 ● 203

付記 野球再建への提言 ―――― 205

巻末資料 独立リーグのチーム紹介 ―――― 221

謝辞

注釈と参考文献

第 1 章

プロ野球をより価値の高い
ビジネスにするために
考えるべきこと

1 スポーツ興行の地産地消が日本の目下の課題

　日本の野球界に、競技を統括する団体、いわゆる国内競技連盟がないことはよく知られている。

　プロ野球12球団を統括する一般社団法人日本野球機構（NPB）、大学野球と高校野球を統括する公益財団法人日本学生野球協会、社会人野球を統括する公益財団法人日本野球連盟は、それぞれが独立した組織であり、チームも競技者も登録はそれぞれである。

　そのほかの多くの競技は、国内統括団体があり、チームも競技者も、その傘下にある。

　サッカーを例に取れば、プロリーグであるJリーグも、実業団リーグであるJFLも、高校サッカーも、大学サッカーも、すべてが公益財団法人日本サッカー協会（JFA）の傘下にあり、チームも競技者もすべてJFAに登録される。

　また野球界の大きな特徴に、プロとアマの間に明確な区分がなされていることがある。

　プロがアマに接触することには制限があり、たとえば、元プロ選手がアマチュアである高校生や大学生を指導するためには、アマチュア資格を回復する手続きが必要になる。

　そんな野球界に新たな競技団体である独立リーグが誕生したのが、2005年のことであった。

　四国4県にそれぞれ1チームずつ本拠を置いてリーグ戦を行うという、四国アイランドリーグである。

　その設立が発表された2004年は、プロ野球再編が社会問題となった年だった。その概要はこうである。

　6月に近鉄バファローズとオリックス・ブルーウェーブが合併交渉に入っていることが発表され、更に8球団1リーグを視野に、もうひとつの合併を進めていることが明るみに出た。

これに対して、労働組合であるプロ野球選手会が強く反対し、ついに史上初のストライキを敢行した。

結局、近鉄とオリックスの合併によって減った1球団を新規参入で補うことになり、楽天が参入することになった。

また、経営不振から産業再生機構入りすることになったダイエーが、ホークスをソフトバンクに売却した。

またその過程で、一部のNPB球団が、アマチュア有力選手に金銭を渡していたことが発覚し、当該球団のオーナーが辞任した。

このように野球界が大きく揺れ動くなかで、国民野球連盟以来58年ぶりとなるプロリーグが誕生したのには、どのような背景があるのだろうか。

2004年の球界再編問題は、その過程で、野球界の閉鎖性や特異性がさまざまにクローズアップされた。

当時、圧倒的なコンテンツ価値を有していた巨人（読売ジャイアンツ）と定期的に対戦するセントラル・リーグ（以下セ・リーグ）球団と、それがないパシフィック・リーグ（以下パ・リーグ）球団の間には大きな格差があること、NPBが球団を横断する諸問題に対して機能不全に陥っていることなどに加え、野球界全体の問題として、先にも記したが、競技を統括する団体がないことや、プロとアマとの間の溝、普及や育成のシステムが欠如していることなどが、一連の騒動のなかで、たびたび報道された。

こうした諸問題が勃興の背景なのだろうか。

その後、2007年には、北信越4県を拠点とするBCリーグが誕生し、同リーグは2019年には11球団に拡張し、四国アイランドリーグと合わせて15球団というのが現在の姿である。

そのことは、野球界が抱える諸問題の解決にどのようなかたちで寄与しているのだろうか。

また両リーグとも地域の活性化への貢献を謳っているが、地域における「観るスポーツ」の活性化と産業化の推進は、日本においてスポーツが産業として発展するためには必要なことでもある。

第2次安倍内閣による成長戦略「日本再興戦略」の2016年版「第4次産

業革命に向けて[注1]」において、スポーツは新たな有望成長市場に位置付けられた。

　名目 GDP600 兆円達成に向けた「官民戦略プロジェクト 10」のひとつに位置付けられ、スポーツ市場の規模を 2015 年時の推計 5.5 兆円から、2025 年に 15 兆円にするという数値目標も掲げられた。

　これだけ成熟した国家において、市場規模を 3 倍にまでしようという、一見すると野心的な数値目標が掲げられた背景には、同じ先進国である欧米諸国において、スポーツ、とりわけ「観るスポーツ」つまりスポーツ興行が、大きな産業になっていることがある。

　具体的には、地域に根差したスポーツチームが、リーグを形成し、年間を通してホーム＆アウェイ形式で覇を競うリーグ戦が、欧米において、この 20 年、産業として急成長した。

　一例を挙げるならば、MLB は、1995 年の年商総額 12 億ドル[注2]から 2018 年には 100 億ドルを超える[注3]までに成長している。

　これに対して日本では、日本を代表するプロスポーツであるプロ野球（NPB）でも、その市場規模の同期間における成長は、900 億円[注4]から 1800 億円[注5]と 2 倍に留まっている。

　これは、サッカーにおいても同じである。J リーグ（J1）は、1993 年に誕生するや否や、世界で最も年俸の高い、すなわち裕福なリーグといわれ、その年商は 500 億円を超え 600 億円近いといわれた。

　その後、低迷した（1999 年には 442 億円[注6]）ことを考えれば、2017 年の売上額 735 億円[注7]は明るい未来を予見させる数値と思われるが、その間、世界は異次元の成長を遂げている。

　イングランド・プレミアリーグは、当時の売上高は J リーグとほぼ同じ 500 億円程度だったと推測されているが、2016 年〜 2017 年シーズンのそれは、64 億ドルを超えた[注8]ことが発表されており、1 ドル 110 円で計算すると 7040 億円、24 年間で 10 倍以上に成長したことになる。

　こうして、今や世界規模のビジネスとなった北米の 4 大プロスポーツや、欧州のプロサッカークラブも、実は地域の健全な娯楽としての存在がその原

点にある。

　プロスポーツクラブのなかで世界最高のブランドと評されるマンチェスター・ユナイテッドや、MLB最高のブランドであるニューヨーク・ヤンキースであっても、来場客の大半は地域の住民が占めているといわれる。

　そして、北米にしても欧州にしても、世界中に名を轟かせるまでになったトップリーグを下支えするがごとく、地産地消、すなわちホームゲームを行い、地元の住民、民間企業、行政から活動資金を得ているチームが数多くある。これらのチームが所属するリーグは、競技者にとっては、トップリーグへの登竜門であり、全国あるいは世界を市場とするトップリーグを、ステイタス、報酬などにおいて、要するに、トップリーグたらしめている裾野である。

　そして、地域住民からすると、金銭面、距離面、心理面いずれの面においても、容易にアクセスできる地域リーグは、当該競技の支援者を草の根で増やす、当該競技の普及の支部としての役割を担っている。

　地域にとっては、健全な娯楽であり、アイデンティティにまで昇華するケースも多々ある。

　要するに、地域の健全な娯楽として、ヒト・モノ・カネが動く地域のエコシステムの一翼を担うこと、あるいは地域にそう認められることこそが、スポーツ興行の存在意義なのである。

　つまり、日本においても、スポーツ興行を産業として育てていくためには、スポーツ興行が地域で成立する、地産地消が成立する必要がある。

2　なぜ日本ではマイナーリーグよりも先に独立リーグが生まれたのか

　この問題意識を踏まえ、2005年に誕生した野球の独立リーグの勃興の背景を検証し、継続の条件を解明することが、本書の目的である。

　野球の独立リーグは2005年に発足した。日本における野球は、1871年にアメリカ人教師によってもたらされて以来、発祥国であるアメリカに多くを

学んできた。

　プロ野球についても、その憲章である野球協約に始まり、リーグ戦の方式まで、多くをアメリカから学んできた。

　その北米において、トップリーグもしくはその傘下であるマイナーリーグでもない独立リーグの誕生は1993年である。

　トップリーグあっての独立リーグであることにおいて、日米に違いはないが、日本にはファーム組織があってもマイナーリーグはない。

　アメリカにおけるマイナーリーグは、トップリーグに人材を供給するファーム組織であることにおいては日本と変わりはないが、アメリカのそれは、独立した事業体として、地域に根差したビジネス・エンティティである。

　一方、日本におけるマイナー組織は、トップチームのなかの訓練組織である。

　つまり、日米では、トップリーグへの労働力を供給するプールの性質が大きく違う。

　そうしたなかで、日本では、マイナーリーグでなく、独立リーグが先に設立された背景を、NPBへの労働供給市場の変容を切り口として検証する。

　武藤（2013）[注9]が指摘しているように、地域のプロクラブの存続のためには地域に密着することが必然である。

　独立リーグも、2005年の創設以来、現在にいたるまで、NPBのない各地域において、地域のエコシステムの一翼を担うべく、工夫を重ねながら、14年が経過した。

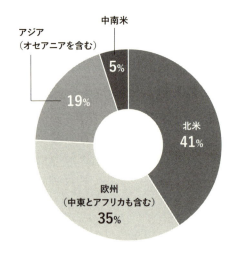

図1-1　世界のスポーツ興行市場(2010年)

出所：PWCによる調査報告書をもとに筆者作成[注10]

そのビジネスモデルを、直面してきた諸問題、諸障壁への対応策を中心に解明することで、小規模プロスポーツが、地域密着型ビジネスモデルとして成立するための理論構築を試みる。

また、4大プロスポーツリーグから、マイナーリーグまで大小さまざまなプロスポーツリーグがひしめき合い、世界で最も大きなスポーツ興行市場を形成している北米の事例を比較検討する。

具体的には、北米のプロ野球産業を中心に、トップリーグへの人材供給のシステムがどのようになっているのか、そしてその人材をもとにして、プロスポーツがどのように地域密着しているのかを分析する。

本研究の目的を達成するため、研究対象からの資料提供、定性調査（インタビュー調査）、インターネット調査、文献調査を併用した。各研究の具体的な方法は、各章に記している。

3 日本のプロ野球ビジネスが舵を取るべき方向とは

第2章では、ドラフト制度導入以降に日本野球機構（Nippon Professional Baseball、NPB）に入団した日本人選手（ドラフト対象選手）の出身母体の変遷について検証をし、その背景を明らかにする。

そのために、1965年のドラフト初年度から、2017年までの53年間に、NPBに入団したすべての日本人選手を、統一のデータベースに整理し、更に、出身母体別に分類した。

分類は、高校出身、大学出身、社会人出身、独立リーグ出身の4つとした。

分析が示した潮流は、高校出身者の減少と大学出身者の増加、および独立リーグ出身者の台頭であり、社会人出身者は減少していない。その要因について検証をした。

第3章では、プロ野球におけるドラフト外で入団した選手が、人材獲得手

段として果たしてきた役割を明らかにする。

　まず、ドラフト会議創設以降の、プロ野球の新人獲得制度の変遷を、ドラフト外の入団選手の有無を切り口に、3期に分けて、その背景について検証した。

　3期の概要は、Ⅰ期（1965年〜1990年。ドラフト制度が導入されたが、ドラフト会議での指名を受けなかった選手は、ドラフト外として獲得が可能だった期間）、Ⅱ期（1991年〜2004年。ドラフト会議で指名した選手のみ獲得が可能だった期間）、Ⅲ期（2005年以降。育成ドラフトの導入と、独立リーグという新たな選手供給源の登場）である。

　そのうえで、Ⅲ期の独立リーグの勃興と、NPBにおける育成選手制度の創設が同年（2005年）だった背景について明らかにする。

　第4章では、日本の独立リーグの経営状況について、財務諸表をもとに分析をする。

　NPBの人材供給源としての存在意義が高まる一方で、経営状況は、最悪期を脱した状況にあるとはいえ、低空飛行が続いている。

　そのことを、独立リーグの勃興から2017年にいたるまでの売上と費用の経年変化から、明らかにする。

　また、その売上項目の分析から、独立リーグが当初目指した地域の健全な娯楽という姿にはなっていない一方、地元の行政や民間事業者からは、地域のアイデンティティとして支援をされるまでにはなっていることを検証する。

　そして、この地元行政と地元企業のCSRによるビジネスモデルは、Jリーグや、Bリーグ（国内男子プロバスケットボールリーグ）など、他の地域密着プロスポーツにおいても同様であることを論じる。

　第5章では、MLBの労働供給市場について、NPBのそれとの比較を目的として分析する。

　アメリカは、スポーツビジネスの最先進国であり、特に、野球について

は、発祥の地として、日本の野球はアメリカから多くを学んできた。

　本章では、アメリカにおけるプロ野球の労働力の供給市場（新人獲得制度）と、その新人がメジャー（MLB）を目指して訓練するマイナーリーグ（MiLB）について、日本のそれとの比較研究をする。

　まず、MLBの新人採用のしくみを、NPBのそれと比較検討をする。

　次に新人を含む7000人を超える選手が、明日のメジャーリーガーを夢見て訓練をするMiLBが、MLBとの協定（Professional Baseball Agreement、PBA）のもとに、MLBの傘下として、しかし独立した事業体として経営を行っていることについて、それが可能な背景とともに分析する。

　そのうえで、日本においての、MLB型のマイナー制度の実現可能性について比較検討をする。

　第6章では、日本における野球独立リーグの継続の条件の示唆を求めて、アメリカの独立リーグについて、その経営実態を、事例研究を通じて明らかにする。

　広大な国土と日本の3倍近い人口を背景にした巨大な市場であるアメリカとはいえ、MLB傘下のMiLB球団が160もの数をもって全米を網羅しているなかで、独立リーグは、MLBやMiLBが本拠地を構えていないような小規模の都市や、貧困や犯罪などの問題を抱えている都市、もしくはMLBとMiLBのテリトリー内に本拠地を構えている状況について論じる。独立リーグは、野球のレベルにおいても、MLBともMiLBとも契約できない選手が中心であり、決して魅了するようものではない。

　このため、球団やリーグが消失するのは珍しいことではないが、一方で、2017年時点においても、7リーグ57球団が民間事業体としてビジネスを行っている背景について、事例研究をもとに検証した。

　第7章では、アメリカにおいて、MiLBや独立リーグ球団が成立している最大の要因が、地域のアイデンティティとして認められているからであることを、事例研究を通じて検証する。

1990年代から顕著になった、球団を誘致する、あるいは引き留めるために、新たなスタジアム建設に税金を投じることについては、その根拠が経済効果だったことから、多くの経済学者の研究と検証の対象とされ、経済効果はないか、あってもわずかであると結論付けられている。

それでいてなお、アメリカの自治体が、地域のプロスポーツ球団を税金で支える背景として、スタジアムとそこで繰り広げられるリーグ戦は、市民の健全な娯楽として、つまり市民の生活の質（QOL）の向上の観点から必要であるという認識、あるいは文化があることが浮かび上がった。

終章において、地域にとって、経済的な側面だけを取り上げるならば、プロスポーツはほとんど貢献していないことを改めて検証する。

そのうえで、地域プロスポーツは、地域に豊かな社会、そして文化を創る役割を担えるという意味で、行政の機能を代行しているともいえ、独立リーグもその役割を果たしていることを論じる。

さらに、独立リーグの存在が、社会人野球における企業チームの衰退によって生じた、選手に対する需要縮小を救う受け皿として機能しているのみならず、野球界の従来の規則のもとでは、行き場がない選手も受容できる点において、多様な背景あるいは生き方を実現できる可能性を提示していることを論じる。

また、競技の発展には、一定の理念をもとに「勝利・普及・資金獲得」という「3つのミッション」を好循環させることが必要だとするトリプルミッション・モデル（中村、平田、2003）[注11]にあてはめると、独立リーグは、普及において、野球界に対して大きな役割を果たしてきていることを論じる。

そして最後に、独立リーグが、地域社会の一員として、また野球界の一員として、意義ある役割を果たせることが認められているという前提に立ったうえで、NPBのファーム組織となるのが合理的であることを論じて、本書のまとめとする。

| 4 | プロ野球ビジネスに関する先行研究 |

ドラフトに関連する先行研究は、横田真一（1999）[注12]が、ドラフト制度の導入の経緯と1999年までの変容について分析している。ベースボール・マガジン社編（2014）[注13]が、その歴史、制度の変遷など、詳細な記録を発表している。

また、池井[注14]、奥島[注15]、小笠原[注16]など、多くの法律学者が、職業選択の自由や独占禁止法などの法律との整合性を中心に論じている。

また、ドラフト会議が、その趣旨のひとつである球団間の戦力の均衡化に寄与できているかどうかについては、廣川・松林[注17]が論じている。

黒田次郎・内田勇人・岡本悌二（2004）[注18]は、指名順位や、出身母体（高校、大学、社会人など）が、競技におけるパフォーマンスとどのように関連しているかについて分析している。

橘木俊詔と齋藤隆志（2012）[注19]は、野球、サッカー、ラグビー、駅伝、相撲——プロ・アマそれぞれを代表する5つの競技を、計量経済学の手法でデータ解析して、選手として長く活躍するうえでも、引退後に指導者となるためにも、大学、それも特定の大学を卒業すると有利であると結論付けている。

中山悌一（2015）[注20]は、NPB選手の、学歴、誕生月、出身地、国籍、身長、体重、そして各種の体力測定の結果が、競技におけるパフォーマンスとどのように関連しているかについて分析している。

独立リーグの経営に関する研究は、その歴史が新しいために少ないが、石原豊一が、アメリカのマイナーリーグの事例をもとに、日本の独立リーグが持続的なビジネスモデルを構築するためには、公共財となることであると提案している（2011）[注21]。

石原はまた、独立リーグに外国人選手が急増している背景に、外国人選手にとって、独立リーグがNPBへの登竜門となっていることと、独立リーグ球団は所属の外国人選手がNPB入りした際に得られる移籍金により経営を

安定させることができて、両者の利害が合致していることを論じている（2013）[注22]。

更に石原は、その著書『もうひとつのプロ野球』（2015）[注23] において、日米の独立リーグが、「プロ」と名乗りながらも、現実にはその言葉からイメージされるものにはほど遠いアスリートたちの生きざまを、日米の独立リーグの現場の実態とともに生き生きと描いている。

本書は、石原の研究から多くのことを学び、そのうえで、日米独立リーグの財務に関する情報をもとに、独立リーグの経営に関して分析を試みた。

これまでに、独立リーグの経営について、売上と費用の数値をもとにした経営分析がなされた論文は見当たらない。

なお、観戦者行動についての分析は、小野里真弓（2009）[注24]、田島良輝・神野賢治・糸川雅子（2010）[注25] らによる研究がある。

北米のマイナーリーグのビジネスにフォーカスした研究は、Arthur T. Johnson（1995）[注26] が、マイナーリーグ球団の存在が地域経済に及ぼす影響について、幾つかの球団を事例にしたケーススタディを行っている。

Thomas A. Rhoads（2015）[注27] は、マイナー球団の本拠地球場とメジャー球団の本拠地球場の距離に着目した経済分析を行っている。

学術研究ではないが、Arthur P. Solomon（2012）[注28] は、2球団のマイナーリーグを保有している経験をもとに、マイナーリーグ経営の実態についてつまびらかにしている。

これらの文献は、本書の執筆に多くの示唆と研究へのヒントを与えてくれている。

---

column1

「令和のプロ野球」が成功するカギ

昭和から平成になるときのことはよく憶えている。

大学2年生だったわたしは、そのとき岩手県盛岡市にいた。東大野球部同期の現衆議院議員、階猛（しなたけし）さんの実家に、野球部の仲間数人で押し掛けて、ス

キーやら観光やらで数日間過ごし、東京に戻る日の朝、昭和天皇崩御の報に接した。

夕方、東京に戻ると、道行く車はほとんどなく、ネオンは完全に消えていた。あの日より静かな東京の夜は以降、記憶にない。

平成は、第二の開国の時代だったと思う。情報通信技術の飛躍的な発達により、ボーダーレス化が一気に進んだ結果、従来、日本一をピラミッドの頂点と考えられていた多くのことが、グローバル・スタンダードという新たなものさしに照らし合わされることになった。

野球界もそのひとつで、山の頂に巨人が君臨し、そこに戦いを挑むものも含め、みなが巨人を目標にしていた。

この構図に風穴をあける契機となったのが、平成7年の野茂英雄さんのドジャース入りだった。以降、選手そしてファンの間に、「その先にある世界」としてのMLBが浸透していき、そのことは翻って、「日本一」そしてその象徴である「巨人」の価値を大きく損ねることになった。かつてプロ野球ビジネスの前提だった巨人戦の地上波全国中継も、昨今は滅多に目にしなくなったのも、その証左だろう。

面白いのは、プロ野球の価値が必ずしも損なわれているわけではないことだ。平成になる頃、各球団の売上の総和は、わたしの推計だとセ・リーグ400億円、パ・リーグ100億円の計500億円くらいだが、いまは両リーグとも900億、合わせて1800億円程度。MLBが、同じ期間に推計で1000億円から1兆円と10倍以上になったことを踏まえると霞んでしまうが、デフレ日本において、よくやっていると言っていいだろう。

これは、ホークスを皮切りに、大都市圏を脱して地方都市に移転した各球団が、それぞれの地域に根差し、ライブ・エンタメとしての新境地を切り開いたからである。このことは、いまだに一極集中が止まらない日本における、地域分散の数少ない成功例であり、かつ、強力な資本がその経済力をもって、地域の小さな経済圏を従えるか、駆逐するかのどちらかになりがちなグローバル経済のもとで、そのセオリーに与さない事例としても興味深い。

もっとも、だからといって令和のプロ野球が天下泰平とは言えないだろ

う。人口減と高齢化は進行し、その影響は地方でより顕著である。景気も後退局面に入る。そんな日本の経済を下支えするのは、今が既にそうであるように、外国からのヒト・モノ・カネである。

　プロ野球は、これまで外国からは、選手を人数制限付きで受け入れていることを除けば、市場も資本も国内限定である。早晩やってくる次の踊り場では、ここが問われることになるだろう。つまり、令和のプロ野球は、経営権を認めることも含めて、外国資本とどう向き合うか。そこに成長機会が潜在しているということでもある。

（『夕刊フジ』連載コラム「小林至教授のスポーツ経営学講義」〈2019年4月3日〉に加筆修正）

第 **2** 章　PL 1B 2B 3B

プロ野球選手の輩出元から
見えてくる時代のトレンド

1 社会背景から考えられる２つの仮説

本章の目的は、プロ野球選手の出身母体の構成比の推移を明らかにするとともに、構成比の変化の背景を検証・考察することである。

仮説

調査の切り口として、以下の仮説を立てて、検証をすることとしたい。
［仮説1］社会人選手の減少
- 1990年代後半以降に、企業スポーツの劇的な衰退が見られた。社会人野球も例外ではなく、企業チームの数は大幅に減少した。それに伴い、社会人出身者は大きく減少しているのではないか。

［仮説2］高卒プロ選手の減少と、大卒プロ選手の増加
- 日本全体の高学歴化、すなわち、大学入学者数の増加による。
- 私立大学が、知名度の向上、学生数の確保を目的として、野球部の強化を企図することも「プロレベル」の高校生が、大学を経てプロに入る誘因となるだろう。

以下では、1965年のドラフト初年度から、2015年までの51年間に、NPBに入団したすべての日本人選手を、出身母体別に分類している。[注29]

こうした分析は、従来なかった試みである。次に、育成選手制度が導入された2005年以降を、1965年のドラフト元年からの歴史的推移のなかで位置付けることを試みた論文もこれまでにない。本書では、日本で最大のスポーツ興行である野球の世界における、人材供給源の推移を、4つの出身母体に分類したうえで検証する。また、育成選手制度が導入され、独立リーグが発足した2005年以降のデータも入ったうえでの研究は、これまでになされていないものであり、研究・考察に値すると考える。

また、1965年にドラフト会議が発足して以降、ドラフト外選手も含めたプロ野球に対するインフローについて、統一的なデータは存在しない。これに関するデータを整備することも、副次的なことだが意義のあることと思わ

れる。新人入団選手のデータについては、2001年以降は、NPBのウェブサイトに掲載されている記録[注30]を用いた。2000年以前については、ベースボール・マガジン社[注31]とデータスタジアム[注32]から提供を受けた。

2 人材供給源となる4つの出身母体

●4つの出身母体の定義

　NPBに入団する選手は、当該球団と契約する前の最終所属先が明らかにされているため、原則、それに従うことで、下記4つへの分類は難しくない。ただし、そのどこに属するかに迷う事例が若干数、出現する。こうした事例については、見方によっては複数の解釈が可能なケースもあるが、本書では以下の基準で、4つのどこかに分類している。

◇高校出身

　高校出身者は、高卒者に加え、それ以下の学歴のもの、つまり、中卒者や高校中退者も含む。

　日本の高校進学率は97％を超えており、中卒者、高校中退者はプロ野球の世界でも滅多にいないが、皆無というわけではない。たとえば、2004年ドラフト8位で阪神タイガースに入団した辻本賢人は、最終所属先はマタデーハイスクール高校中退である。指名当時15歳であった。アメリカのカリフォルニア州における義務教育を修了した段階であり、これを日本の学制にそのままあてはめると、中卒ではなく、高校中退となるというのが、当時の見解であった。

◇大学出身

　大学出身者については、野球選手としての最終所属チームが大学の野球部の選手は、卒業の有無にかかわらず、大学出身者とした。また、NPB球団

に入団した際に、最終所属先を大学として届け出ている場合も大学出身者とした。大学野球部に所属したあと、中退した選手で、社会人野球や独立リーグなど、他に所属先を届け出ていない選手も大学出身者とした。

◇社会人出身

　社会人出身者については、日本野球連盟加盟チームを、NPB球団との契約にいたる前の最終所属先とする選手が主となる。そのほか、独立リーグが登場する2005年より前において、上記の3つのいずれにもあてはまらない選手が若干名存在したが、彼らも社会人出身者とした。その代表的な例が、1977年にドラフト外で広島カープに入団した大野豊である。入団前の最終所属先として出雲信用組合となっているが、同組合の野球部は軟式野球のチームであり、日本野球連盟に加盟しているチームではない。それでも、明確に、企業の野球部に所属して、野球を継続した結果として、広島東洋カープへの入団になったことから、高校出身者というよりも社会人出身として扱うほうが適切と考える。

◇独立リーグ出身

　独立リーグ出身者は、2005年に四国アイランドリーグが発足したことで、日本の球史に独立リーグという新たな歴史が刻まれたことで誕生したカテゴリーである。独立リーグは、野球興行をする独立した法人であり、その点においてはプロ野球である。しかし、NPBの傘下ではなく、独立したリーグである。一方で、アマチュア野球の統括団体である日本野球連盟にも所属しない。すなわち、新たに登場したカテゴリーである。

●調査の対象と検討期間

　調査対象は、野球協約において規定された新人選手を対象とする。野球協約における新人選手とは、同協約が規定する新人選手選択会議規約の第1条（新人選手）において、以下のように定義されている選手を指す。

第2章　プロ野球選手の輩出元から見えてくる時代のトレンド

　新人選手とは、日本の中学校、高等学校、日本高等学校野球連盟加盟に関する規定で加盟が認められている学校、大学、全日本大学野球連盟の理事会において加盟が認められた団体に在学し、または在学した経験をもち、いまだいずれの日本の球団とも選手契約を締結したことのない選手をいう。日本の中学校、高等学校、大学に在学した経験を持たない場合であっても、日本国籍を有するものは新人選手とする。

　そして、上記に該当しない選手は、外国人選手として、制限がなされる。外国人選手の定義については、野球協約第82条（外国人選手）に詳細が記されている。[注33]制限については、野球協約第82条の2（外国人選手数）において規定されているように、[注34]球団は、任意の数の外国人選手を支配下選手として保有することができるものの、出場選手登録は4名以内に限られ、野手または投手として同時に登録申請できるのは、それぞれ3名以内である。

　この外国人選手として扱われない新人選手としてプロ野球選手となった選手は、1965年以降、2016年7月31日の時点までで、4305名である。

　7月31日というのは、当該シーズンにおける支配下登録選手の期限日であり、育成選手が支配下登録選手、要するにその年にプロ野球選手として登録がなされるデッドラインである。

　検討対象とする期間は、直近から、データが許す限り、1965年までさかのぼることとする。その理由は、1965年に第1回ドラフト会議が開催されており、これ以降において、選手の出身母体について、詳細なデータが入手できるからである。

3　ドラフト会議が始まってから現在にいたるまでの大きな潮流

●1965年以降の入団選手の全体像

　ドラフト会議が始まった1965年以降、2016年7月31日までに、外国人

枠でないプロ野球選手は、4305名誕生している。毎年平均にすると84名である。

　ドラフトを経ての入団が、3555名。割合にして83%。ドラフトを経ていない選手の人数が750名である。

　当該期間にドラフト指名された人数は4105名。つまり、指名された4105名のうち、550名がドラフト会議で指名を受けながら、入団をしなかった。つまり、ドラフト指名後に交渉が不成立に終わり、入団にいたらなかった率が13%ということである。注35

　交渉不成立は、ドラフト初期に偏在している。初年度は指名132名に対して、入団52名。入団率はわずか39%だった。

　以降、交渉不成立は漸減して、1978年に、ドラフト会議発足以降初めて拒否者が1ケタとなり、1987年の第23回ドラフト会議において、ついに0となった。

　ドラフトを経ずに誕生した選手750名については、経緯が大きく異なる2つのグループに分類される。

　ひとつはドラフト外入団。ドラフト外という制度が存在した背景については後述するとして、制度が存在したのは、発足した1965年〜1990年まで。このドラフト外入団者が683名である。

　もうひとつの集団は、育成ドラフトを経て育成選手となったのちに、実力が認められて、支配下登録選手に「昇格」したグループである。この人数が67名。育成選手制度ができたのが2005年、以来、11回の育成ドラフトが行われ、育成ドラフトを経て入団した選手が208名なので、そこから世間でいうところのプロ野球選手になった率は32%ということになる。

◉出身母体別人数の推移

　プロ野球入団者を、4つの出身母体別に、人数の推移を全数調査したデータを集約した、下記3つの図表をもとに、サマライズしておきたい。

　時代による移り変わりをトレンドとして捉えるために、用いたのが【図2-1】である。

各年度の入団選手を、4つの出身母体に分けて、その割合を折れ線グラフで示し、トレンドを近似曲線でも示している。

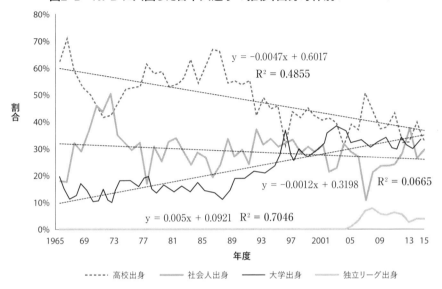

図2-1　NPBに入団した日本人選手の推移、出身母体別(1965~2015)

また、【表2-1】と【表2-2】において、人数、割合それぞれにおいて、10年ごとの人数を示している。1965年～74年を1期、次の1975年～84年を2期、以降、1985年～94年を3期、1995年～2004年を4期、05年以降を5期とした。

表2-1　プロ野球に入団した日本人選手、出身母体別、10年ごとの人数

	年度	高校出身	大学出身	社会人出身	独立リーグ出身	総数
1期	1965-1974	450	117	296	0	863
2期	1975-1984	499	142	249	0	890
3期	1985-1994	475	145	242	0	862
4期	1995-2004	311	245	225	0	781

5期	2005-2015	347	290	232	40	909
	入団者総数	2082	939	1244	40	4305

表2-2　プロ野球に入団した日本人選手、出身母体別、10年ごとの人数（割合）

	年度	高校出身	大学出身	社会人出身	独立リーグ出身
1期	1965-1974	52%	14%	34%	0%
2期	1975-1984	56%	16%	28%	0%
3期	1985-1994	55%	17%	28%	0%
4期	1995-2004	40%	31%	29%	0%
5期	2005-2015	38%	32%	26%	4%
計		48%	22%	29%	1%

　この近似曲線、折れ線グラフ、10年ごとの傾向から、ドラフト会議が始まった1965年から現在にいたるまでの大きな潮流を見ることにする。

　1965年以降、2016年7月31日にいたるまで、NPB支配下登録選手となった日本人選手4305名のうち、最も多いのが高校出身で2082名。割合にして48%と半数近い。全体トレンドとしては、近似曲線 y=-0.0047x+0.6017 およびその重相関係数0.4855からも、明らかに下降傾向である。ただし、年度による揺らぎが多い。

　次に多いのが、日本野球連盟登録チーム、いわゆる社会人野球出身者の1244名である。割合にして29%。全体トレンドとしては、近似曲線 y=-0.0012x+0.3198 は、やや下降傾向を示しているものの、重相関係数は0.0665と非常に小さく、かつ年度による揺らぎが非常に大きく、下落傾向と断じることはできない。

　3番目が大学出身者。人数にして939名。NPB入団者のうち22%を占めている。その割合は、近似曲線 y=0.005x+0.0921 およびその重相関係数0.7046が示している通り、明確に上昇傾向にある。

そして4番目が独立リーグ出身。最初のNPB支配下登録者である西山道隆（2005年育成ドラフト2位、翌2006年5月に支配下登録）に始まり、現在まで40名が支配下登録されている。割合にすると、NPBに入団した全日本人選手の入団者の1％弱であるが、発足した2005年以降に限れば入団者909名のうち40名、割合にして4％と、それなりの存在感を示している。

4 取る側と取られる側の思惑が一致した意外な結末

　上記のサマリーを踏まえ、冒頭に立てた仮説に沿って、考察を加えてみたい。

◉バブル崩壊以降の企業チーム減少による影響

　1965年のドラフト会議の発足から現在にいたるまでの間に、日本のスポーツ界に大きな影響を与えたのが、バブル崩壊による企業スポーツの劇的な衰退である。社会人野球も例外ではなく、企業チームの数は大幅に減少した。それに伴い、社会人出身者が大きく減少しているのではないかという仮説である。この仮説については、意外にも、上記サマリーの通り、必ずしもそうとはいえない結果だった。

　近似曲線 y=-0.0012x+0.3198 と重相関係数から、明確な下落傾向を読み取れないというのは先に述べた通り。実際、【図2-1】のグラフを見てもそうだし、【表2-1】および【表2-2】における10年ごとの人数、割合を見ても、第1期の1965年〜1974年については、人数にして296名、割合にして34％と突出して多いものの、以降は人数にして225〜249、割合にして26％〜29％と特段の減少傾向は認められない。

　特に、直近である2005年以降の第5期については、2007年に社会人出身者のドラフト指名が8名と極端に落ち込んだために、その前の期に比べて、全体に占める割合は3％減の26％となっているが、2013年には、1988年以来、25年ぶりに30名の大台を記録するなど、社会人出身者の数が減少して

いる傾向は認められない。

一方で、仮説の根拠でもある、野球における企業チームの数の減少は【表2-3】にもある通り、一貫している。

表2-3　日本野球連盟所属チームの推移

年度	1949	1963	1978	1993	1998	2003	2006	2007
企業	196	237	179	148	142	89	83	85
クラブ	146	76	131	169	201	226	275	278
合計	342	313	310	317	343	315	358	363

年度	2008	2009	2010	2011	2012	2013	2014	2015
企業	84	85	83	83	88	87	87	86
クラブ	269	268	269	259	268	271	270	268
合計	353	353	352	342	356	358	357	354

出所：公益財団法人日本野球連盟のウェブサイト[注36]をもとに筆者作成

ここで注意が必要なのは、企業チームが数の上で最盛期を迎えた1963年から80年代を経てバブル期までの減少と、その後の減少とでは、減少の構造が違うということだ。

数字上、企業チームが最も多かった1963年当時は、高度経済成長期の真っただ中であり、製造業が日本の産業の中心で、雇用形態もいわゆる終身雇用であった。他人同士が家族よりも長い時間をともに過ごす、こうした雇用形態のもとで、当時の国民に最も馴染み深く、皆が心を合わせて応援できるという理由で、大小さまざまな企業が「目指せ！　都市対抗野球」を旗印に野球部を作り、支援したのである。こうした企業の野球部の多くは、ニクソンショックと第1次オイルショック、第2次オイルショックを経て、産業構造が変革するなかで、廃部あるいは会社の支援を得ない課外活動（クラブチーム）へと変容していった。

バブル崩壊以降の企業チームの減少は、より深刻なものであった。名門チ

ームが次々と休廃部していった。平成以降に休廃部になった主な企業チーム
をざっと羅列しただけでも、以下の通りである。

北海道：たくぎん・ＮＴＴ北海道

東北：ヨークベニマル

東京：プリンスホテル・シダックス・東芝府中・スリーボンド

関東：いすゞ自動車・日産自動車・三菱ふそう川崎・ＮＴＴ関東

北陸：北陸銀行・ＮＴＴ北陸・ＴＤＫ千曲川など

東海：ヤオハンジャパン・河合楽器・大昭和製紙・昭和コンクリート・Ｎ
　　　ＴＴ東海

近畿：日本ＩＢＭ野洲・神戸製鋼・川崎製鉄神戸・新日鉄堺・住友金属・
　　　ミキハウスBC・大和銀行

中国・四国：川崎製鉄水島・ＮＴＴ中国・ＮＴＴ四国

九州：日産自動車九州・ＮＴＴ九州

　上記の企業の多くは、バブル崩壊までは、社員が一体となって応援できる
CIとして、あるいは広告宣伝のツールとして、高校生や大学生を熱心にリ
クルートし、強化のために力を注いできた。

　余談ながら、筆者が大学野球の選手だった1980年代後半から90年代初頭
にかけてはまさにその時期にあたり、獲得合戦は、今思うと笑ってしまうよ
うな激しさで、東京六大学でともにプレーした仲間のなかには、正社員か
つ、選手である間は仕事を完全に免除して野球に専念、月給100万円（大多
数のNPB新人選手より高い！）、選手引退後の会社におけるポストについて
も考慮がなされることを約束されるなどの好待遇で入社するものも少なから
ずいた。

　企業チームの野球部員は、給与をもらい、野球の練習および試合参加が仕
事の一部として見なされ、野球部を引退したあとは、会社に残り、社員とし
て頑張る道を選べるのが通常である。対するクラブチームは、当然のことな
がら、自主運営である。用具もグラウンドも自分たちで確保しなければなら
ず、そのすべてに費用を要する。したがって、数の上では企業チームの減少
をそのまま補うかたちとなっているクラブチームの増加が、企業チームの代

替機能を果たすには不十分である。

　このように、バブル崩壊以降、企業チームの休部・廃部が相次いだことで、報酬を得ながら、競技としての野球に打ち込める恵まれた環境が得にくい状況になっていることから、社会人野球出身の選手がもっと減っているだろうと仮説を立てたのである。

　しかし、現実にそうなっていないことが、数字の上で明確になった。その背景には何があるのだろうか。

　定量的な分析は今後の研究課題として、ここでは筆者が、プロ野球球団でチームづくりの担当役員として選手の獲得に深く関わってきたことから、多くの専門家（スカウトやアマチュアの指導者、および選手）と対話をする機会を得てきたなかで、感触として摑んでいる定性的な考察を、以下に記しておきたい。

　企業チームを経てNPBに行くような選手の多くは、高校あるいは大学卒業時に、既にその野球の実力が広く知られたトップクラスの選手であり、NPB球団の評価はさほど高くなくとも、社会人レベルであれば引く手数多^{あまた}であり、そのなかから、野球部への支援が厚い大企業への就職を選んでいるのだ。こうした選手のなかには、上位指名ならばプロに行くが、下位指名や育成の評価であれば、その後の身分の安定を含め、大企業の野球部でのプレーを選ぶものも少なからずいる。そして、入社2～5年のうちに、プロから高い評価を受けるレベルに成長したときに、あらためてプロ入りを考えるということだ。

　社会人からプロ入りする選手は、年平均で24名である。NPB選手を輩出している上位5社は、上から JX-ENEOS（39名）、日本通運（37名）、東芝（32名）、パナソニック（32名）、ヤマハ（31名）、ホンダ（31名）であり、いずれも、ニクソンショック、オイルショック、バブル崩壊、失われた10年などなど、産業構造の変動や景気の荒波に幾度も晒^{さら}されながら、なお、野球部を休廃部することなく維持し続けてきた大企業ばかりである。こうした名門野球部に加えて、1979年～2000年の21年間、野球部を保有し、29名の

プロ野球選手を輩出したプリンスホテルや、1993年〜2006年まで野球部を保有し、7名のプロ野球選手を輩出したシダックスなど、その時代時代に野球部を厚く支援する企業で、プロ予備軍のレベルの選手がプレーを継続する場は確保されてきているというわけだ。

　結論として、社会人野球は確かに縮小しているが、高校あるいは大学で頭角を現した野球エリートのプレーする場は今も確保されている。

　ただし、NPB入りを希望する選手は、大企業に入社して、手厚い支援を受けながら野球の腕を磨けるトップクラスの選手ばかりではない。筆者もその一人だったが、たとえ客観的には、NPB入りを考えられるような実績を残していない選手のなかにも、プロを夢見て野球を継続したい選手は数多いる。こうした選手にとって、企業チームの減少で、野球を継続できる可能性は減じ、選択肢が狭まっていることには違いない。

　獲得する側からしても、プロを夢見て野球を継続してもらうのは重要である。なぜなら、野球というスポーツは、成長予測が極めて難しく、突如、大化けすることもあれば、アマチュア時代の実績からして折り紙付きの選手が、プロ入り後伸び悩んだり、なかには、目を疑うような後退をするケースもままある。それゆえに、MLBは、300名を超す選手を抱え、毎年、各球団40名×30球団の1200名もの選手を指名して、"当たりくじ"を貪欲に探し続けるのである。

◉下降傾向にある高校出身選手

　1965年以降2016年7月31日までの調査では、NPB支配下登録選手となった日本人選手4305名のうち、最も多いのが高校出身で2082名。割合にして48％と半数近い。

　しかし、全体トレンドとしては、近似曲線 $y=-0.0047x+0.6017$ およびその重相関係数0.4855からも、明らかに下降傾向である。

　そのことは、【図2-1】の折れ線グラフからも、【表2-1】【表2-2】で示した10年ごとにまとめた表からも、明確に見て取れる。

　1965年以降、プロ野球に入団した日本人選手のうち、高校生の割合が最

も高かったのは、1966年の第2回ドラフトで、その割合は、入団者の71％を占めていた。以降、【図2-1】の折れ線グラフが示すように漸減傾向にはありつつも、過半数を超えていた。

これが、4期目に過半数を下回るようになる。年度ごとに見ると、1991年の55％を最後に、2007年の例外（51％）を除くと、過半数を上回っていない。

この2007年を除くと、2005年以降の第5期の減少傾向は顕著で、2005年から2015年までの11回のうちで8回、30％台を記録している。

●高卒選手の減少と大卒選手の増加から見えてくること

大学出身者は、1965年以降2015年までの間にプロ野球に入団した日本人選手4305名のうち、人数にして939名、割合にして22％を占めている。

全体トレンドとしては、近似曲線 y=0.005x+0.0921 および、その重相関係数0.7046から明確な増加傾向を示している。そのことは、【図2-1】の折れ線グラフからも、【表2-1】【表2-2】で示した10年ごとにまとめた表からも、明確に見て取れる。

では、この高卒選手の大幅減と、大学出身者の大幅増の現象は、日本社会の潮流である高学歴化によって説明がつくと考えてよいのだろうか。

【図2-2】は、大学数、大学生数、大学出身選手の推移を、それぞれ1965年を1として示したものである。

ここで、大学進学率とせず、大学進学者数を使用しているのは、1992年以降、今にいたるまで、18歳人口がほぼ一貫して減少していることから、比較の対象として、大学生の数のほうが適切と考えたからである。

たとえば、18歳人口が頂点に達した際の大学進学率は32.7％であり、2015年には54.5％と1.66倍になっている。しかし、大学生の数でいえば、1992年の229万3269名から2015年の286万210名まで1.25倍である。

ちなみに、プロ野球は、1965年にドラフト制度が導入されてから1991年までは、一球団につき支配下登録選手は60名まで、それ以降は70名までとなっている。

第2章　プロ野球選手の輩出元から見えてくる時代のトレンド

図2-2　大学数、大学生数、大学出身選手の推移

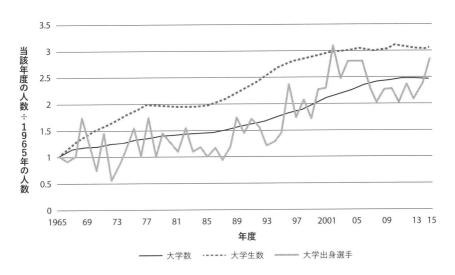

　さて【図2-2】から見て取れるのは、大学進学者の数が、年を追うごとに増加しており、大卒出身選手の数もそのトレンドとほぼ同調していることである。つまり、大学進学者数の増加が影響を及ぼしている可能性は十分に考えられる。

　一方で、プロ野球球団の経営に携わり、選手の獲得に直接携わった経験をもつ筆者の定性的な分析として、日本全体の高学歴化からストレートに大卒プロ野球選手の増加を結論付けるのには、抵抗感を禁じ得ない。
　なぜならば、選手を採用（ドラフト指名）するにあたり考慮するのは、選手の野球の実力であり、学歴ではないからである。一般の社会においては、大学卒は学士として、より高い教育を身につけたものと扱われ、高卒よりも待遇が良く、生涯獲得賃金においても差があるというのが社会的通念である。
　一方、プロ野球の世界においては、興行的な要素を加味して、実力以上の評価をするケースがあることは否定をしないが、原則として評価基準は、野

球のプレーにおいて活躍するか否かである。

　大学で人間の幅が広がったために、プロでの適応力が高いかもしれないという評価を受けるケースもあれば、プロに比べてレベルの低い環境でのプレーをしたことを差し引く必要があると評価されるケースもあるのだ。

◉高校球児の受け皿として存在感が高まる大学野球

　ここでは、大学出身選手の大幅な増加と、高卒選手の大幅減を、アングルを変えて考察してみたい。それは、大学全入時代の私立大学と、腕に覚えのある高校球児のニーズが合致したがゆえの現象ではないかという考察である。

　1990年代以降、一貫して子供の数が減っているなかで、大学の数は増加した。18歳人口のピーク時である1992年の時点で、大学数は523。その後、子供の数は一貫して減少したが、大学の数は増加の一途を辿り、現在その数777と、ほぼ1.5倍に増加した。大学進学率は確かに増えたが、先に記した通り、進学者にすると当時よりも25％増加したにとどまる。

　結果として、私立大学の4割が定員を割るといわれる現状において、一部の難関大学や有名大学を除く、ほとんどの私立大学は、生き残りをかけて、学生獲得の厳しい競争に晒されている。こうした状況のもと、学生数の確保と認知度向上の両面において寄与できる可能性のある硬式野球部を活用するというのは、経営判断として自然なことだっただろう。

　かつて東京六大学野球がプロの人気を大きく凌駕したような時代とは比べるべくもないが、それでも、東京六大学をはじめとした首都圏のリーグや関西の一部のリーグは、全国紙にスコアが掲載され、大学日本一を決める選手権大会は、全国的な報道対象となっている。

　加えて、所属選手がプロ野球に行くようなことになれば、ドラフト指名に始まり、入団までのプロセスや、活躍次第ではその後の動向まで、大きく大学名が取り上げられることになる。実際、NPBに入団できる可能性のある選手のいる大学の関係者は、勿論プロとアマの間にある各種の協定に基づいてはいるが、日常的にプロ野球関係者に秋波を送っており、プロ側はその思いをひしひしと感じている。

野球はこのように、大きな広告効果が期待できるうえに、試合出場のためにベンチに入る選手の数が25名という大所帯になるその競技特性から、多数の部員を抱えることが可能である。加えて、潤沢な競技人口。高校球児の数は、この少子化のなか年々増加傾向にあり、5万5000名の硬式野球部員が、毎年、高校を卒業する。世の進学率にならって、その半分が大学に進学するとしても2万7500名もいる。

つまり、大学出身のプロ野球選手が大幅に伸びている背景には、学生数の確保と大学名の認知に四苦八苦している大学が、硬式野球部の充実をもって認知度向上と学生数の確保を目指し、選手からするとその競技能力をもって大学進学の機会を得られるという、両者の思惑が一致した結果ではないか。

●新興大学における野球部の存在意義、その具体例

そのことは、2016年大学野球選手権準決勝に進出した4大学が象徴的である。

4大学とも、全国的な知名度は高くなく、また少子化が進行している現況のもと、定員充足に苦労している大学である。たとえば、【表2-4】の通り、この4つの中では最も歴史が深く、定員充足率が比較的高いといわれる首都圏にある中央学院大学でも野球部員率は7%。残る3大学はいずれも学生の10%以上が野球部員である。

表2-4　2016年大学野球選手権ベスト4の野球部員数と学生数

	大学創立	野球部創部	所属連盟	野球部員数	学生数	(内男子学生)	野球部員率	野球部員率(男子学生比)
中京学院大	1993年	1993年	東海地区大学野球連盟	137名	953名	603名	14%	23%
中央学院大	1966年	1973年	千葉県大学野球連盟	190名	2623名	2263名	7%	8%

| 奈良学園大 | 1984 年 | 1984 年 | 近畿学生野球連盟 | 70 名 | 617 名 | N/A | 11% | N/A |
| 上武大 | 1968 年 | 1982 年 | 関甲新学生野球連盟 | 199 名 | 1899 名 | N/A | 10% | N/A |

出所：各大学が公表している情報(ホームページ)より。
学生数は中京学院大のみ 2016 年、他は 2015 年のもの

①中京学院大学

　優勝した中京学院大学は、なかでも示唆的である。4校のなかでもとりわけ歴史が新しく、開学したのは 1993 年。同時にできた野球部の所属リーグは、東海地区大学野球連盟の岐阜学生リーグ。同連盟は、静岡、三重、岐阜の3地区に分かれており、大学選手権に出場するには、各地区のリーグ優勝校による代表決定戦を勝ち上がらなければならない。6大学で構成されている岐阜学生リーグに所属している中京学院大学は、今もって専用のグラウンドがないながらも、部員数は 137 名と、学生数 953 名に対して、14%。男子学生に限ると 23%。大学の認知向上のみならず、学生数の確保に多大な貢献をしていることがうかがえる。

　NPB への人材供給という観点で見れば、中京学院大学は、池ノ内亮介と菊池涼介の2名がいる。池ノ内が 2010 年のドラフト会議において、広島から育成ドラフトで2位指名を受けたが、これは、同大学が所属している東海地区大学野球連盟の岐阜学生リーグから直接指名された例としては、17 年ぶりのことだった。2013 年に支配下選手となったものの 2015 年シーズンを最後に引退となった池ノ内は、高校はプロ野球選手を多数輩出している中京高校の出身である。ただし、池ノ内は外野手兼控えの投手。このクラスの選手は、企業チームがまだまだ元気だった 90 年代半ばくらいまでであれば、OB のネットワークで地元の社会人チームでプレーを続けることができたかもしれないし、もしもそうでなければ、野球を諦めるかというのがパターンだった。

　しかし、今は、大学で野球を続けるという選択肢がしっかりとある。もう

一人の菊池は、2011 年ドラフトで広島から 2 位指名を受け、現在は日本を代表する選手となっているが、高校時代は無名、甲子園出場もない。大学時代も、専用グラウンドもない環境で、かつ地味なリーグでのプレー。大学野球選手権に出たのも、2016 年が初めてだから、菊池の卒業後である。当時、菊池の存在を知るのは、プロ野球のスカウトのみだった。

②中央学院大学

　準優勝校の中央学院大学は、開学は 1966 年で、硬式野球部創設はその 7 年後の 1973 年。2016 年で創部 43 年になる野球部は、伝統校の部類に属するが、輩出したプロ野球選手は、1993 年にドラフト 3 位指名を受けてヤクルトに入団した度会博文と、2013 年に、ドラフト 3 位でヤクルトに入団した秋吉亮の 2 名である。秋吉は、中央学院大学を 2011 年に卒業後、パナソニックを経ての入団である。秋吉は、野球界では無名の都立高校（足立新田高校）から、これまた野球界ではマイナーな存在である中央学院大学で硬式野球を続けたのだ。

③奈良学園大学

　奈良学園大学は、1984 年に創立され、野球部も同時に創部されている。2013 年までは奈良産業大学の名前で、野球界では比較的よく知られた存在である。大学選手権の常連であり、1987 年に初出場を果たしてから、出場回数は 20 回を数える。プロ野球選手も、1990 年に湯舟敏郎が本田技研鈴鹿を経て、阪神にドラフト 1 位で入団して以来、6 名を輩出している。ただし、大学から直接プロ入りしたのは、2007 年ドラフトで横浜から 3 位指名を受けて入団した桑原謙太朗が初のケースであり、翌 2008 年には蕭一傑がドラフト 1 位で阪神に、2009 年には、吉田利一が中日にドラフト 8 位で入団して、これに続いた。湯舟も含めた他の 3 名は、社会人を経由しての NPB 入りである。卒業年度を羅列すると、湯舟が 1989 年、山口弘佑が 1999 年、山井大介が 2001 年。いずれも高校時代は無名の選手であり、大学で芽が出て、企業チームで硬式野球を継続することができた選手である。

④上武大学

　上武大学の野球部は、大学設立から14年遅れて1982年の創部である。1996年に大学選手権に初出場を果たして以来、急速に力をつけ、以来、選手権出場12回。2013年には初優勝も果たしている。野球部員数は199名と4校のうち最も多い。施設はグラウンドを含め、最新の設備を備えた豪華なものであり、2000年から監督を務める谷口英規准教授によれば、大学当局が硬式野球部に期待するものは、勝利による大学のブランド力向上と学生数の確保だとのことで、これは、新興私立大学の野球部に共通しているミッションである。上武大学からNPB入りした選手は、2004年にドラフト6位で日本ハム入りした菊地和正を皮切りに計10名。うち大学から直接プロ入りしたのは菊地をはじめ5名。

　4名は企業チーム経由、1名は大学中退後、国内外の独立リーグを流転したのちのNPB入りである。

増加する大学野球部員

　2016年の大学選手権準決勝に進出した4校が示唆している傾向は、全国的である。

　つまり、高校球児が硬式野球を継続する場としての大学野球の存在は、諸々の事情が重なり、年ごとに大きくなっている。結果として、NPBへの人材供給ルートにおいても、大学のプレゼンスが大きくなっている。上記4大学のように、一昔前であれば、その存在が、野球界においてあまり知られていなかった大学からも、NPB入りしている。

表2-5　大学選手権のベスト4進出大学の所属リーグ

	1952-1964年	1965-1974年	1975-1984年	1985-1994年	1995-2004年	2005-2016年	合計	NPB選手数
東都	12	9	10	8	9	8	56	243
東京六	13	6	8	5	7	7	46	201

関西学生※	12	9	6	5	5	4	41	76
愛知	7	6	3	1		1	18	31
首都		3	3	4	3	5	18	55
神奈川	4	4	1	3	1	2	15	21
東京新			1	2		7	10	8
仙台六				5	5		10	40
福岡六				2	5	2	9	26
広島六	2		4	1			7	6
九州六		1	2	2			5	23
北東北					3	2	5	15
北海道	2	1					3	6
九州				1	2		3	12
千葉県			1			2	3	8
関甲新						3	3	10
北陸			1	1			2	3
阪神						2	2	8
四国		1					1	N/A
東海						1	1	N/A
南東北						1	1	N/A
近畿						1	1	N/A

※1981年までの関西六大学野球連盟を含む。関西学生野球連盟は、関西における大学野球連盟の再編により、関西六大学を引き継ぐかたちで1982年に結成された。

出所：全日本大学野球選手権大会のウェブサイト[注37]をもとに筆者作成

【表2-5】は、大学選手権のベスト4進出大学の所属リーグを、各年代ごとにまとめたものである。大学選手権は、NPBのスカウトが大学選手の能力の把握のために最も重視している大会である。

　年代の区切りとしては、原則、10年ごとにした。ただし、第1回ドラフト制度導入直前の1964年までは13年間を一区切りとした。それ以降は、10年ごと、そして2005年以降は2016年までとしている。

全体像を見ると、ベスト4進出最頻は、東都の56回、2位は東京六大学の46回、3位が関西学生（1972年に分裂する前の関西六大学を含む）の41回で、この3つの伝統リーグに続くのは、首都と愛知が18回と大きく差がある。

　風向きが変わってきたのは、全日本大学野球選手権大会で東海大学（1969年）や中京大学（70年）が優勝したあたり。それを契機に地方の大学も野球部を強化、現在は中央・地方関係なく好選手が分散し、実力が均等化されてきている。

　このことから、高校野球を超えて、硬式野球を継続する場所として、大学のプレゼンスが年を追うごとに高まっていることは明らかだろう。ピラミッドの裾野が広がれば、頂（いただき）がより高くなるかはともかく、ピラミッドの上層の面積が拡がることも言わずもがなであり、NPBの人材供給源としての大学のプレゼンスが高まっていることも明らかであろう。

　もう一点、硬式野球を継続する場所として、大学のプレゼンスが年を追うごとに高まっていることを示すデータとして、大学野球部員数についても考察をしておきたい。大学野球連盟が保有する部員数のデータは、2007年のものが最古である。その最古である2007年から、2016年までの間に起きた大きな変化は、【表2-6】にある通り、一校あたりの部員数の増加である。

表2-6　高校3年生部員数と大学1年生部員数

年度	高校3年部員数	大学1年部員数	高3部員の野球継続率	大学連盟加盟校数
2006 (H18)	50,569			
2007 (H19)	50,894	5,774	11%	370
2008 (H20)	50,942	6,224	12%	374
2009 (H21)	53,263	6,492	13%	377
2010 (H22)	52,370	6,744	13%	380
2011 (H23)	51,984	6,854	13%	381
2012 (H24)	53,154	6,945	13%	379

第2章　プロ野球選手の輩出元から見えてくる時代のトレンド

2013（H25）	51,767	7,186	14％	378
2014（H26）	53,801	7,322	14％	377
2015（H27）	53,443	8,254	15％	377
2016（H28）	55,202	8,235	15％	378

出所：高野連 HP、大学野球連盟 HP の資料をもとに筆者作成

　そしてその最大の要因は、これも【表2-6】の通り、高校球児が、大学でも部活動としての野球を継続する率が年々高まっているからだと考えてよいだろう。

　具体的には、2006年の高校3年生の部員数は5万569名。翌2007年の大学野球部の1年生部員の数は5774名。野球継続率は11％である。ごくまれに、大学で初めて硬式野球部の門を叩くものもいるが、これは本当にレアケースである。また、浪人などの事情で、高3からスムーズに大学1年生となっていないものもいるが、こちらは大学野球部員となった段階でカウントされ、かつ重複がないから無視できる。したがって、大学1年生の野球部員を高校3年生の硬式野球部員で割った数字が継続率だと考えてよいだろう。

　この継続率が、10年後の2015年を見ると、高校3年生の部員数5万3443名に対して、翌2016年の大学野球部員の1年生の数は8235名。継続率は15％に上昇している。

　少なくとも、筆者が学生だった頃（1980年代後半）までは、大学で硬式野球を継続するというのは、非常にハードルの高いことであった。その背景として、大学がかつて、規律に縛られ、抑圧された高校生活から解放されて、自由を謳歌する場だったこともあろう。卑近な例だが、たとえば、筆者の母校の神奈川県立多摩高校の硬式野球部の同期15名のうち、大学で硬式野球を続けたのは筆者一人だった。ともに汗を流した2学年上から2学年下まで、前後5学年に範囲を広げても、1学年上に1名、2学年下に1名いたのみである。各学年の野球部員を10名として50名。そのうち硬式野球を続けたのは3名、率にして6％ということだ。野球は高校までという当時の傾向

に関する正確な統計はないが、これが1980年代後半の高校球児の典型的な姿だったと思う。

　大学で硬式野球を続けるのは、プロ野球が頭をよぎるくらいのレベルにあるか、よほどの野球好きというのが、当時の風潮だった。しかし、時代を経て状況は大きく変わった。ひとつに、近年、私立大学は厳しい経営環境に晒されており、歴史の新しい大学は例外なく、なにはさておき学生確保が最優先事項である。こうした状況のもとで、人気競技であり、高校男子のおよそ10分の1が部活動にいそしんでいる硬式野球に目をつけるのは経営戦略として自然なことと言えよう。

　野球部を充実させれば、野球を継続したいと思っている高校生の受け皿となるうえに、企業チームが相次いで休廃部しているなかで、昔ならば社会人野球をやるような、野球の能力の高い選手も来てくれる。結果、学生数を確保できるばかりか、野球において好成績を上げることで、知名度を高めることもできる。

　選手からすれば、終身雇用とまではいかないまでも、入社すればある程度安心感をもてる大企業が次々と休部・廃部しているなかで、大学野球部は硬式野球に打ち込みつつ、卒業に漕ぎ着けることができれば学士となり、これはキャリア形成に寄与するはずだ。そのように考えるのはごく自然なことだろう。

　こうして、取る側と取られる側、両者の思惑が一致した結果、高校球児が硬式野球を継続する場としての大学野球のプレゼンスが、1990年代半ば以降劇的に高まり、NPBの人材供給源としての役割も高まっていることが見て取れるのである。

column2

米大リーグドラフト1位指名選手を獲得したソフトバンクの挑戦

　ソフトバンクが、昨年のドラフトで米大リーグ・ブレーブスから1巡目指名を受けた最速98マイル（約158キロ）右腕、カーター・スチュワート

（19）＝東フロリダ州立短大＝と、新外国人選手として契約に合意した。MLBのドラ1選手が、契約条件で折り合わず、NPB球団との契約を模索する例は、これまでにも複数回あった。わたしがソフトバンク球団の取締役を務めていたときにも実際にあった。米大リーグのドラフトで1巡目指名された高校生投手の代理人から、「球団が提示してきた条件が物足りない。ソフトバンクにはオカネがあるのだろう？　獲ってくれないか。オレと組んでデカイことをやろう」と売り込みがあったのだ。当時から最速95マイル（約153キロ）を誇っていた右腕で、映像を取り寄せて検討した。代理人が示した条件は「5年・500万ドル（約5億5000万円）＋出来高で、一定の活躍を条件に将来ポスティングでのメジャー移籍を認める」という内容だったが、結局、実現はしなかった。理由は、金銭面ではなく別のところにあった。まず、高卒の若さで、言葉も文化もまったく違う日本で、果たして適応できるのかどうかという不安。そして、もうひとつは、メジャーと"全面戦争"となる懸念だった。スチュワートと違い、当該選手は、指名されたMLB球団との入団交渉の最中だった。ソフトバンクが強奪するかたちになれば、メジャーサイドは、"報復"として本気で日本のトップアマの総ざらいに乗り出すだろうと考えたのだ。

　こうした、その時々の事情などもあり、実現にいたらなかったというのがこれまでだが、では今回は何が違うかというと、ひとつに、MLBの新人ドラフトの交渉期間が大幅に短縮された。MLBの新人ドラフトは、年3回の開催から1回になった1986年以降、球団は指名選手に対して、翌年のドラフトまでの1年間の交渉権を有していた。これが2007年に2カ月に、更に2012年には現行の1カ月に短縮されたことがある。期限までに契約締結にいたらなかった選手は、MLB球団と契約する場合は翌年のドラフト待ちだが、それ以外のリーグへ行くことについての制約はない。

　もうひとつ違うのが、これも2012年、契約金額が大きく抑制されたことである。まず、ドラフト指名選手に支払うことのできる総額が球団ごとに規定され、上限を超えると贅沢税が徴収されることになった。そのうえに、ドラフト指名された選手はマイナー契約しか認められなくなった。マイナー契

約の選手は、ルーキーだと月給1100ドル×5カ月＋ミールマネー（1日25ドル）だから、年収100万円に届かない。実際、時給換算すると最低賃金を下回るブラック職場だとして訴訟が複数、展開されている。

　近年のMLBの新人選手の契約金は、2009年のストラスバーグの1500万ドルを筆頭に高騰の一途を辿ってきた。「3年やって一人前」という野球界の伝統的な価値観（MLBの新人選手の契約総額が1億円を初めて突破したのが1990年である）に立ち返るのは、経営者、現役選手の利害とも一致するから自然の流れだとわたしは思うが、新人選手サイドからすれば、聞いてないよ〜、という気持ちにはなるだろう。

　もっとも、そんなMLBの状況を踏まえたとしても、ソフトバンクでなければ実現させることはできなかっただろう。なぜなら悪いほうに考えれば、リスク要因はいくらでもある。まず前例がない。次に、700万ドル（＋出来高）という推定契約額は、MLB球団の評価額のおそらく倍以上である。さらに、アメリカの地方出身の19歳が異文化に適応できるか、MLBの虎の尾を踏むことになりはしないかなどなど、やらない理由を探せばいくらでも出てきて、二の足を踏むのが普通だろう。しかし、ソフトバンクは、現状維持は後退と考える当代一のリスクテイカー、孫正義さんが率いる異次元の資金力と投資実績を誇る会社である。

　むろん、この投資がうまくいくかどうかはわからない。MLBでも高卒ドラ1投手がMLBで3年以上プレーするレベルにまで到達するのは3人に1人であり、ギャンブル性の高い投資と言えるだろう。しかし、ここで言えるのは、ひとつのプロ野球球団と一人の若者による未知の領域への挑戦がどのように展開していくのか、プロ野球を観る楽しみがまたひとつ増えたということだ。

（『夕刊フジ』連載コラム「小林至教授のスポーツ経営学講義」〈2019年6月6日〉に加筆修正）

第 3 章

プロ野球新人選手獲得の
良循環を生んだ新たなルート

1 ドラフト外での新人選手獲得につながった 2つの動き

　2005年、日本のプロ野球において、2つの新たな動きがほぼ同時に始まった。ひとつは育成選手制度であり、もうひとつは独立リーグである。

　育成選手制度は、支配下登録選手（一軍の試合に出場できる選手）70名の枠に含まれない選手を、NPB所属球団がそれぞれの契約下における制度であり、日本プロフェッショナル野球協約（以下野球協約）の「日本プロ野球育成選手に関する規約」において、以下のように定められている。[注38]

　第1条（目的）　本規約は、日本プロフェッショナル野球協約（以下「野球協約」という。）第11章に定める70名の年度連盟選手権試合に出場できる支配下選手（ただし、第57条の2（選手の救済措置）の適用のときは80名）の枠外の選手として、同選手権試合出場の可能な支配下選手登録をめざして、球団に所属して指導を受け野球技能等の一層の錬成向上を受ける選手の保有および取扱いについて定めるものである。

　1992年にドラフト外による新人選手の獲得が廃止されて以降、日本国籍を有する選手にとって、NPB所属選手となるためのルートは、新人選手選択会議（ドラフト会議）において指名を受けて入団する以外の道はなかった。この育成選手制度ができたことにより、育成選手選択会議（育成ドラフト）で指名を受け、育成選手として入団したうえで、各球団の判断によって支配下選手になることができるようになった。

　これに対して、独立リーグはNPBの管理下のものではなく、文字通り独立した存在である。NPBおよびその所属球団とは、提携関係および資本関係のない独立した存在ではあるものの、同リーグの球団に所属する選手は、ドラフト、育成ドラフトの指名対象であり、同リーグは、NPBから見ると、高校・大学・社会人野球と同様に、選手を獲得する対象である。

　本章の目的は、ドラフト制度が発足して以降も、ドラフト会議における指

名というプロセスを経ることなく、新人選手を獲得する手段が存在してきたこと、および、そのことを可能にしてきた制度の変遷とその背景を概観することである。

　具体的には、1965年にドラフト会議が導入されて以来、その制度の変遷は、以下の3期に区分することができる。

　　Ⅰ期：1965年〜1990年。ドラフト制度が導入されたが、ドラフト会議での指名を受けなかった選手は、ドラフト外として獲得が可能だった期間。
　　Ⅱ期：1991年〜2004年。ドラフト会議で指名した選手のみ獲得が可能だった期間。
　　Ⅲ期：2005年以降。育成ドラフトの導入と、独立リーグという新たな選手供給源の登場。

　やや結論を先取りするなら、この変遷は、ドラフト制度が戦力均衡を志向するものであるのに対して、新人選手獲得の自由度を求める球団が存在し、そのせめぎ合いの歴史ということになるだろう。そして、そこにバブル崩壊による社会人野球の縮小と、独立リーグ創設という選手供給源の変化が影響を与えている。

　ここでは、上述の時期区分の中で、特にⅠ期とⅢ期に着目する。これは、Ⅱ期については、ドラフト会議での指名を受けていない新人選手の獲得は全面的に禁止され、ドラフト制度内の改革が試行された時期であるためである。

2　ドラフト指名選手とドラフト外で入団した選手の全数調査

　本章では、1965年にドラフト会議が始まってから2016年ドラフトまで、NPBに新人として入団した日本人選手の全数調査（4400名）について述べ

ていく。すなわち、毎年のドラフトで指名された全選手だけでなく、ドラフト外で入団した選手も検討の対象としている。

　プロ野球の新人獲得のための制度の大きな変化としては、以下の(1)〜(8)がある。

　(1)ドラフト制度の導入

　(2)ドラフト指名選手の人数制限とドラフト外での獲得

　(3)ドラフト指名選手の人数制限の緩和とドラフト外での獲得の消滅

　(4)逆指名制度の導入

　(5)分離ドラフトの導入。高校生ドラフトとそれ以外のアマチュア選手を対象としたドラフト

　(6)逆指名制度の廃止

　(7)育成選手制度の導入

　(8)独立リーグ

　本章の目的は、冒頭で述べた通り、ドラフト制度が発足して以降も、ドラフト会議における指名というプロセスを経ることなく、新人選手を獲得する手段が存在してきたこと、および、そのことを可能にしてきた制度の変遷とその背景を概観することであるから、上記(1)〜(8)の主要な変化のうち、Ⅰ期にあたる(1)〜(3)と、Ⅲ期にあたる(7)〜(8)について、変化の背景とその意義について、データを分析・整理して考察する。

3　新時代2005年以降の調査の意義

　先行研究については、第1章4節に記載した通りであり、ドラフト制度の概要についての研究や、新人選手の出身母体や指名順位あるいは身体的特徴が競技に及ぼす影響を論じた文章は、幾つかある。また、「選手獲得のためのリーグ全体の制度」がどのように変化したかを論じた論文としては、先に記したように横田が概観しているが、育成選手制度の導入と独立リーグの発足という、野球界におけるエポックメイキングな事象が起こった2005年以

降に、そのことを中心に論じたものはない。その点においても、本書は意義あるものと考える。また、ドラフト指名による入団した選手とドラフト外で入団した選手の全数を対象とする調査は、これまで見られない。

4 買い手市場ドラフト制度の移り変わり

　ここでは、ドラフト制度の発足以降、今日にいたるまで、そのドラフト制度を中心に、NPB 球団が新人選手を獲得する制度の変遷をまとめておきたい。

●NPB全体の最適化と各球団のせめぎ合い

　ドラフト会議は、現在、選手が、外国人枠[注39]の制約を受けることなく、プロ野球に入団するための唯一の方法である。正式名称は「新人選手選択会議」で、日本野球機構（NPB）が主催する新人選手獲得のために行われる会議である。新人選手選択会議規約に定められた手順に基づいて、新人選手との契約交渉権をプロ野球に属する各球団に振り分ける。

　振り分ける、との表現にある通り、ドラフト会議の趣旨[注40]は、戦力の均衡と契約金の高騰を抑えるという、買い手（プロ側）の都合により導入・維持されてきた制度であり、売り手である選手の側からすると、本来もっているはずの球団選択の自由の権利を、リーグ側の経営目的によって阻害され行使できない。欧州各国のプロサッカーリーグでは、このような制度は認めておらず、契約はチームと選手の自由意思のもとに行われているが、北米の４大プロリーグや NPB において、現在もドラフトが実施されている理由は、以下のように説明できる。

　「各チームが選手と自由に契約できると、金銭的に余裕のあるチームに戦力が偏ってしまい、一方的な試合が増加し、そのプロリーグ全体の人気が低迷状態に陥る。そうなれば、結局、選手の不利益になるから、そうならないよう、戦力均衡を保つべきである」

一方で、NPB所属球団は、リーグ戦での勝利を目的として営まれている営利団体であるから、戦力の均衡がNPB全体の繁栄に寄与することを認めつつも、その制度のなかで、できる限りの戦力の充実を図ろうとすることにおいて、ドラフト制度と各球団は、ある種のせめぎ合いの構造となる。

その結果として採用されたのは、アマチュア時代に高い実績を残した選手に対して、本人の意思を尊重するという考え方であり、それは、1965年の第1回ドラフト会議においても反映されていた。同年のドラフト会議では、先行事例であるアメリカNFLのドラフト会議のような完全ウェーバー方式（前年度最下位球団から順番に指名する方式）の採用をドラフト1巡目の選手については見送り、代わりに、一斉に申告して、指名が重複した場合は抽選が行われることになった。以降、ドラフト1巡目の選手については、1992年まで抽選方式が採用されてきた。さらに1993年からは、「逆指名制度」が導入され、各球団最大2名まで、当該球団への入団を希望する選手の獲得が認められることになった。同制度は、名称変更（自由獲得枠、2001年）と人数の変更（2名～1名）を経て、2006年のドラフト会議を最後に廃止され、2007年に再び抽選方式に戻っている。

制度を流動的にさせているもうひとつの要因が、人材の供給源であるアマチュア球界との間にある対立関係である。日本の野球界には、統括する組織がなく、また、アマチュア野球が非常に盛んであり、高校、大学、社会人それぞれ独自の発展の歴史を辿ってきており、詳細は略すが、それぞれの折り合いが良くない。特に、NPBに対しては、それぞれが一定の距離を置き、時に衝突、時に融和を繰り返すなかで、NPBへの人材供給について、さまざまな条件や制限を設けてきた。

たとえば、高校野球と大学野球は、学生野球憲章において[注41]、長い間、NPBとの接触を一切禁じてきた。一方で、NPB入りする選手にとっては、NPB球団との入団交渉は勿論、プロ選手としての稼働開始も在学中である。この矛盾の解決のために、NPBと入団交渉をする学生に対して、退部届を提出することを求めた。2004年以降は、プロ志望届を提出すれば、退

部届の提出は不要になっている。

　また、日本野球連盟との間には、同連盟の加盟チームに所属している選手について、高卒は3年、大卒は2年の契約禁止期間を設けているのに加え、同じチームから投手を2名以上指名しないことも新人選手選択会議規約に定められている。

　また、高校、大学、社会人などのアマチュア球界に配慮して、新人選手選択会議には、指名総人数にキャップがかかっている。現在は、高野連、大学野球連盟、日本野球連盟所属の選手の人数が計120名以下であり、これも新人選手選択会議規約に定められている。

●ドラフト制度を骨抜きにしたドラフト外入団と練習生制度の廃止

　ドラフト外による選手獲得も、そのような流動的なドラフト制度が生み出した例外的な制度のひとつである。【図3-1】の通り、1965年のドラフト制度のスタート時から存在し、1990年をもって廃止されるまでの間、26年に

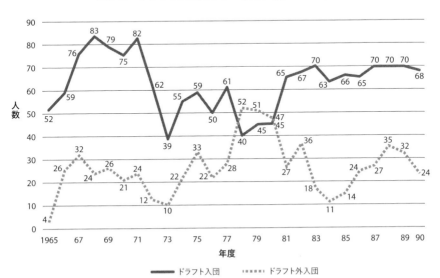

図3-1　ドラフト入団とドラフト外入団の人数推移

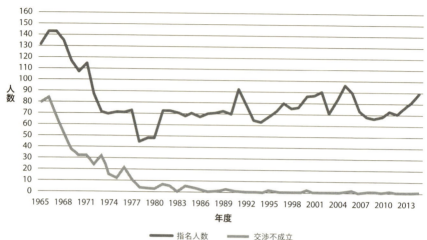

図3-2 ドラフト指名人数と交渉不成立人数

わたって、NPB球団の人材確保の手段として、大きな役割を果たした。

　初期のドラフト会議では、指名して交渉権を得ても入団を拒否されたり、逆に球団が交渉権を放棄することも多く、その穴埋めとしてドラフト外が重宝された。【図3-2】に示しているように、初年度である1965年のドラフト会議では、132名が指名されたものの、そのうち80名が拒否し、入団に漕ぎ着けたのは52名。当時の大衆がもつプロ野球に対する印象は、「職業野球」であり、お金のために野球をやる人々の集団という偏見をもつものが、特にエリート層では少なくなかった。一番人気は、東京六大学野球であり、そこから一流会社に入って社会人野球をやるのが王道だったのだ。

　更に、その後、1973年ドラフトにおいて、社会人野球の所属選手は新登録から2年間は指名禁止の制度が導入され、翌1974年には各球団の指名人数が6名以内と制限されるようになり、指名人数は、制限なしで行われた最後の年（1972年）の86名から、1973年71名、翌74年は72名と減少した。しかし、交渉不成立の人数は、1972年の24名から、1973年は32名とむしろ増加し、各球団は、選手の補充のために、ドラフト会議以外の方法

第3章　プロ野球新人選手獲得の良循環を生んだ新たなルート

頼る必要があった。このような経緯で、制度が廃止される 1990 年まで、多くの選手がドラフト外で入団したのである。

　ドラフト外による入団のピークは、【図3-1】から見て取れるように、1978年〜1980 年までの 3 年間である。指名人数の制限が更に進み 1 球団 4 名までとなった同期間は、ドラフト会議を経ての入団者の数が 40、45、45 であったのに対し、ドラフト外入団者の数は、52、51、47 だった。

　ドラフト外で入団した選手のなかには、ドラフト会議における指名を得るまでにはいたらなかったものの、入団テストなどで実力を認められて採用された選手も多かったが、他方で、本来であれば、ドラフト会議で指名を得る実力をもった選手も少なからずいた。たとえば、社会人野球に登録する（つまり企業への入社が決まっている）とか、大学進学が決まっているなどの理由で、プロ入りを拒否していた選手を、ドラフト会議後に、有利な契約内容や人脈を駆使した説得をもって入団させた例や、球団職員や練習生（支配下登録選手ではないものの、当該球団のユニフォームを着て練習に参加できるという立場）として囲い込むことで、他球団からの指名を極めて困難な状況にしておいて、ドラフト外で契約するなどの例が生じていた。

　このようなドラフト外の選手獲得は、戦力の均衡と契約金の高騰防止のために実施しているドラフト制度を骨抜きにすることであり、一部の球団は、それを望んでいたかもしれない。しかし、江川事件^{注42}などドラフト制度の根幹を揺るがす問題が発生するなかで、球界全体としてはドラフト制度を維持する方向で固まっているなか、制度の厳格化が必要であった。アマチュア側からしても、一部の大学・企業はそれを望んでいたかもしれないが、全体としては、秩序が乱れることは好ましくなかった。

　こうした経緯を踏まえて、1990 年限りでドラフト外入団は廃止された。廃止するにあたり、ドラフト会議では、人数・戦力の補充に十分な人数として、1 球団 10 名まで指名できるようになった。

　このとき同時に廃止されたのが練習生制度である。練習生とは、先に記したように、支配下登録選手ではないものの、当該球団のユニフォームを着て

練習に参加できるという立場で、有望選手の囲い込みの手段として使われていた。著名な例では、西武ライオンズ（現・埼玉西武ライオンズ）の伊東勤や、阪神タイガースの中込伸のケースがある。

　こうして、ドラフト外入団は、1965年から1990年の26年間で682名のプロ野球選手を輩出して、その歴史の幕を閉じることになった。ちなみに同期間において、ドラフト指名を経て入団した人数は1636名で、合わせると2318名。ドラフト外入団者はそのうち29％であった。なお、1992年に、例外として、1名がドラフト外で入団しており、この選手を合わせると、ドラフト外入団選手は683名である。[注43]

5 プロ野球選手になるための2つめのルート「選手育成制度」の導入

●有望選手を獲得・育成できる「受け皿」を望む声、高まる

　ドラフト外による選手獲得が廃止された結果、1991年以降、日本人選手の獲得手段は、ドラフト会議での指名を得ること以外なくなった。それは、MLBでの実績者でもそうで、既にMLBで16勝を挙げていたマック鈴木（2002年ドラフトで、オリックスから2位指名）や、MLB経験のあるマイケル中村（2004年ドラフトで、日本ハムから4位指名）もそうだった。また、先に記した通り、練習生制度がドラフト外による選手獲得と同時に廃止されていた。

　こうして獲得手段が単純明快かつ透明になったことにより、以降、ドラフト制度の趣旨である戦力の均衡と契約金の抑制が達成されるかというと、既に述べてきたように、NPB全体の最適化と、個別の球団の利害とは必ずしも一致しないから、事はそう簡単ではない。

　たとえば、1991年にドラフト外による選手獲得と練習生制度が廃止されるに伴い60名から70名に拡がった支配下選手の登録枠についても、NPB全球団による協議においてそう決めはしたものの、チーム強化のための経営

第3章　プロ野球新人選手獲得の良循環を生んだ新たなルート

努力として、多様な選手を試してみたいという球団は当然のようにある。実際、プロ野球リーグの最高峰であるMLBでは、各球団が保有できる選手の数は無尽蔵で、各球団300〜400名を抱えている。なぜそうしているかというと、MLBが、その長い興行の歴史を経て、野球という競技の特性も踏まえ、経営上、最適であるからそうしているのである。

　日本において、MLBの先行事例を踏まえつつも、そうできなかったのは、各球団の足並みが揃っていなかったことに他ならないが、反対する向きは、その理由としてアマチュアへの配慮を挙げてきた。先にも記したように、日本はアメリカと違い、その発展の礎はアマチュア野球であり、実際、高校、大学、社会人でそれぞれ繁栄した歴史を誇っている。人材供給源でもある、これらのアマチュアの繁栄は、NPBにとっても極めて重要だし、またその意向は無視できない。

　一方、社会人野球における企業チームの廃部が相次ぎ、有望選手の受け皿が狭まるなかで、NPB球団が、1991年以前まで存在した練習生のような身分で、選手を獲得・育成する声が高まっていた。

　企業チームの野球部員は、給与をもらい、野球の練習および試合参加が仕事の一部として見なされ、野球部を引退したあとは、会社に残り、社員として頑張る道を選べるのが通常である。特に、就職活動において、学生の人気ランキング上位100社の常連となっているような、いわゆる大企業のチームでプレーを継続できる環境は、世間体、引退後の待遇などを踏まえると、プロよりも魅力的だという声も多く聞かれたものだ。ところが、バブル崩壊以降、企業チームの数は劇的に減少した。日本野球連盟によれば、1993年における企業チームの数は148だったのが、その10年後、2003年には89にまで減少し、2018年における数は95である。

　こうしたなか、2005年、広島東洋カープと読売ジャイアンツの主導により、育成選手制度の導入が正式に決定。同年のドラフト会議において、育成選手を選抜するためのドラフト（育成選手選択会議）が、支配下選手を選抜するためのドラフト（新人選手選択会議）のあとに開催され、計6名が指名

された。

　この育成選手制度ができた結果、現在、日本人選手がNPBの支配下登録選手、つまりプロ野球選手になるための2つ目のルートができたことになる。具体的には、育成選手選択会議において指名を受け、育成選手として入団したあと、支配下登録選手に昇格する、つまり、プロ野球選手となれるということである。2005年から2016年までの育成ドラフトで指名された選手のうち、支配下登録選手に昇格したのは、2017年7月31日の時点で76名^{注45}である。この76名と、同期間にドラフト指名を受けて支配下登録選手となった928名を合わせた1004名のうち7.6%が、育成ドラフト出身の支配下登録選手である。発足してまだ12年ながら、新たなNPBの人材供給源として、十分に存在感を発揮しているといえよう。

　この育成選手制度と、1991年まで存在した練習生との違いは、当時はドラフト外として、各球団が、ドラフト指名を受けなかった選手を対象に、個別かつ自由に交渉していたのに対して、この育成選手制度においては、育成ドラフトにおいて指名したうえで、その後の入団交渉を成立させて、育成選手として登録をする必要があることである。^{注46}

　この育成ドラフトを経て育成選手となった人数は、2005年の創設から2016年ドラフトまでの期間において236名。そのうち、プロ野球選手となったのは、前述した通り、2017年7月31日の時点で76名、率にして32%となる。

●育成ドラフトの指名が多いのは新興大学出身者

　育成ドラフトにおいては、日本野球連盟所属の選手は指名しないことになっている。

　これは、「企業所属の選手は技術向上と社会教育という育成制度の理念から外れるので、指名するならば支配下選手として指名すべき」という日本野球連盟の申し入れを尊重してのことである。例外は、日本野球連盟所属のチームが活動を休止した場合である。

　では、この育成ドラフトでの指名選手のうち、大学出身選手の割合はどう

だろうか。

　育成ドラフトにより指名を受けた大学出身者は 68 名。うち、支配下登録された（つまりプロ野球選手となった）のは 27 名（2017 年 7 月 31 日時点）で、率にして 40 ％。全体（支配下登録選手／育成ドラフトで入団した育成選手）の割合が 32 ％だから、平均以上である。

　そして、この 27 名の出身大学を見ると、ほとんどがいわゆる新興大学である。たとえば、プロ野球選手の出身母体の上位 3 リーグから育成ドラフトを経て支配下登録された選手は、東京六大学からはゼロ、東都からは 2 部（当時）から 2 名、関西学生から 1 名である。この 3 リーグあるいはその所属大学が「育成お断り」というわけではないが、プロ側の事前の調査で、育成指名であれば入団しないことが判明するから指名しないのだ。

　なぜならば、上記の 3 リーグに属する大学に所属しているような学生選手は、育成とはいえ、プロのスカウト網に引っかかるような野球の腕の持ち主であれば、日本野球連盟に所属する企業チームで、社員として雇用されたうえで野球を続けることができる。そこで腕を磨き、プロの評価が上がるようであれば、そのときにプロ入りを検討すればよい。あるいは大学まで野球を続けてきて、育成選手レベルの評価であれば、そこでキャリアとして野球を選ばないというケースもある。いずれにしても、身分保障もなく、数百万円の支度金と、200 〜 300 万円程度の年俸の育成選手になることを望まないのである。

　いわゆる新興大学の硬式野球部でプレーした選手の場合は、企業チーム（そのほとんどが就職ランキングで上位に来る）で、社員としての雇用を保証されたうえで野球を続けられる可能性が低くなることは、一般の就職と同様の現実である。こうした選手が、卒業後も野球を続けるというキャリアパスを選んだ場合、クラブチームや独立リーグでプレーするか、育成でプロの門を叩くかという選択肢において、育成選手を選んでいるのである。

6 新たなプロ野球リーグ、独立リーグの誕生

●独立リーグの出身者、最初のNPB（支配下登録）入り

　独立リーグ出身の最初の NPB 支配下登録者は西山道隆（2005 年育成ドラフト 2 位、翌 2006 年 5 月に支配下登録）であり、以降、2017 年 7 月 31 日時点までに 44 名が支配下登録されている。割合にすると、育成選手制度が発足した 2005 年以降の新人入団者 1004 名のうち 4.4％となる。

●独立リーグの試行錯誤と課題

　独立リーグとは、日本においては、日本野球機構（NPB）、日本野球連盟（社会人野球）とは別の、プロ野球リーグの呼称である。野球の発祥地である北米においては、MLB およびその傘下のマイナーリーグとは別組織の独立リーグは、19 世紀末にはその存在が確認されており、現在も、主なものだけでも 8 つのリーグが展開されている。ただし、経営は不安定で、設立されても稼働にいたらない事例も少なくない。選手構成も多様である。

　日本においても、過去に 2 つのリーグの存在が確認されているが、本書の NPB 選手の出身母体として取り上げる独立リーグは、2005 年に設立された四国アイランドリーグ以降に設立された独立リーグを指す。具体的には、本章執筆時点（2018 年）に活動中の四国アイランドリーグ plus（以下アイランドリーグ）、ベースボールチャレンジリーグ（以下 BC リーグ）（2007 ～）、ベースボールファーストリーグ（2014 ～）と、2005 年以降に設立されて活動を休止中の関西独立リーグ（2009 ～ 2013）、ジャパン・フューチャーベースボールリーグ（2010 年）の 5 つのリーグを指すこととする。

　現存する 3 リーグの構成は、まずアイランドリーグが香川、徳島、高知、愛媛の 4 球団である。2017 年シーズンの試合方式は、4 月～ 5 月にかけて行われる前期 34 試合、8 月～ 9 月に行われる後期 31 試合を戦うリーグ戦方式

で優勝を決定する。そのリーグ戦には、福岡ソフトバンクホークス三軍、読売ジャイアンツ三軍との交流戦も含まれている。

　BCリーグは、福島、栃木、武蔵、群馬、新潟、信濃、富山、石川、福井、滋賀の10球団を2リーグに分けて、アイランドリーグと同様、前期・後期制でのリーグ戦を行っている。試合数は、前期35試合、後期36試合であり、読売ジャイアンツ三軍、楽天三軍との交流戦がそのなかに組み込まれている。

　ベースボールファーストリーグは、兵庫、ゼロロク、和歌山の3球団が、各36試合を戦う通年制のリーグ戦である。

　先に記した通り、NPBへの人材供給源としては、毎年、選手を輩出するなど、着実に実績を積み上げているものの、経営環境は不安定なままであり、それぞれ経営に苦しみながら、現在にいたっている。

　たとえば、最も歴史の古いアイランドリーグでも、同リーグの運営会社IBLJ（香川県高松市）によれば、創設から2016年までの12年間、各球団の収支を合わせた全体としては、一度も黒字を計上していない。

　経営形態も、試行錯誤が続いてきた。2005年の創設時は、4球団とも運営会社IBLJが所有する、いわゆるシングル・エンティティのリーグ形式でスタートしたものの、開幕当初より資金難が続き、2006年には、IBLJの100％出資により資本金1000万円の子会社として法人化した。法人化された各球団は、地元財界などからオーナーを募り、それぞれが経営努力をする体制にしたことで、個別の球団においては、単年度黒字に転換する例も出てきていて、収支は改善傾向にあるものの、リーグ全体の収支は単年度黒字化にはまだいたっていない。

　加盟球団の経営形態も、試行錯誤が続いている。たとえば、徳島は、2009年シーズンを最後にメインスポンサーと球団運営を担っていた企業が撤退し、2010年からは、IBLJの直営に戻った。2012年には、IBLJの筆頭株主であるセイアを中心にした3社で新たな運営会社「パブリック・ベースボールクラブ徳島」を設立して、運営にあたることになった。愛媛も経営に苦し

むなか、2009年に自治体が支援に乗り出し、県民球団として再出発している。

　途中、リーグの拡張も試みたが、長崎は2008年〜2010年の3年間、福岡は2008年、三重も2011年の1年間の加盟ののちに、活動を休止しており、それ以降は、元の四国4県をフランチャイズとした体制に戻っている。

　近年は、藤川球児やマニー・ラミレスといった知名度の高い選手を獲得したり、またそれぞれの認知度も高まるなか、稼ぐ力は着実に高まっている。2015年には、徳島以外の3球団が黒字となり、リーグ全体としての赤字は発足以来最小の1017万円となった。続く2016年は、リーグ全体の単年度赤字は前年度よりやや拡大して1800万円となったものの、香川以外の3球団は単年度黒字を計上しており、リーグ全体としての単年度黒字にあと一歩のところまで来ているといえよう。

　課題は、スポーツ興行の基本ともいえる観客動員数が伸びないことで、2015年は前年比増となったものの、それでも1試合平均597名である。また、2016年は548名と減少しており、スポンサーとリーグ運営会社の支援に頼る厳しい経営環境が続いている。

　BCリーグは、2007年、新潟、富山、信濃、石川の4球団で、北信越ベースボールチャレンジリーグとしてスタートした。2008年には群馬、福井が加わり6球団。このときに、「北信越」をタイトルから外した。2015年には埼玉県北をエリアとする武蔵、そして福島が加わり、2017年には、滋賀と栃木が加わり、10球団体制となった（2019年には、茨城が加わり11球団となっている）。

　BCリーグの活動地域が、北関東も含めた本州中央部に位置していることから、四国に比べるとはるかに大きな市場であり、地元企業の支援を得やすい環境にはある。そのために、経営破綻したのは、2010年の福井のみ（地元新聞社がスポンサーとなってチームは存続している）であり、球団数は拡張しているが、1試合平均観客動員は2010年を最後に1000人を割り込み、2016年は過去最低の618人に落ち込み、こちらもスポンサー頼みの経営と

なっている。

　ベースボールファーストリーグは、2009 年に発足して 2013 年に活動を停止した関西独立リーグから脱退した 2 球団（兵庫、ゼロロク）が、和歌山を加えて 2014 年に発足したリーグである。選手は原則として無給であり、また、アイランドリーグと BC リーグによる合同組織である日本独立リーグ野球機構にも加盟しておらず、ドラフトで指名を受けた選手もいないが、同リーグの前身ともいえる関西独立リーグから支配下 1 名、育成 1 名の指名実績がある。

　そんな独立リーグの経営状況のもとでプレーする選手の環境も過酷である。ベースボールファーストリーグが無給であることは先に記したが、アイランドリーグ、BC リーグともに、契約選手は月額 10 万～ 40 万円が契約期間（選手によって 3 ～ 8 カ月）中、支払われるのみである。選手は、家賃や食事を含む生活費のほか、個人事業主であるから、国民健康保険に加入することも求められる。

　このような過酷な環境ではあるものの、選手確保について困ることはない。たとえば、BC リーグが 2017 年シーズンに向けて 3 度実施したトライアウトには、計 414 名がエントリーした。NPB のドラフトおよび育成ドラフトで指名を受けなかった学生野球の選手を中心に、多くの若者が NPB 入りの夢を叶える可能性を追うために、その門を叩くからだ。

　また、こうしたトライアウト組に加えて、NPB や海外で実績のある選手が、NPB 球団に獲得してもらうために、その存在をアピールする場所としても定着している。アイランドリーグ、BC リーグでプレーしたのちに、2010 年シーズン中にオリックスに入団したフランシスコ・カラバイヨや、日本ハム（2000 年ドラフト 1 位）→阪神を経て解雇となったものの、BC リーグを経由して、2012 年にヤクルトとの契約に漕ぎ着けた正田樹など、実例が出てくるなかで、夢よもう一度と、その門を叩く選手が続出している。先に挙げた藤川球児やマニー・ラミレスなど、野球ファンならばお馴染みの一時代を築いたスター選手も、NPB 球団入りを目指して、独立リーグでプ

レーするなど、NPBへのステップとしての存在意義は増している。

●独立リーグと育成制度の密接な関係

先に記した通り、独立リーグ出身の支配下登録選手は2017年7月31日時点までに延べ44名である。【表3-1】に示しているように、そのうち育成出身者が23名を占めている。

先述したように、育成選手制度が導入された経緯は、ドラフト外での新人選手獲得と練習生制度が禁止となって以降、チーム強化のための経営努力として、多様な選手を試す手段を求める声がNPB球団のなかで高まっていたことと、社会人野球における企業チームの減少を受けてのことであり、独立リーグの登場を念頭に置いていたわけではないが、発足年度を同じにする独立リーグと育成選手制度は密接な関係にある。

2005年の制度導入から2016年までの12回の育成ドラフトで入団した育成選手のうち、支配下選手に昇格した数は、2017年7月31日の時点で76名いるが、そのうちの23名が独立リーグ出身者、割合にして30%である。これを他の出身母体と比べてみると、高校→育成選手→支配下は21名、割合にして28%、大学→育成選手→支配下は27名、割合にして36%である。

表3-1　独立リーグから育成ドラフトを経て支配下登録された選手

年度	高校 人数	大学 人数	社会人 人数	独立 人数	総数
2005	1	1	0	1	3
2006	1	2	1	1	5
2007	0	1	0	3	4
2008	4	2	2	4	12
2009	2	5	0	1	8
2010	4	3	1	1	9
2011	2	3	0	5	10
2012	1	2	0	2	5
2013	4	3	1	0	8
2014	2	3	0	1	6
2015	0	2	0	4	6

第3章　プロ野球新人選手獲得の良循環を生んだ新たなルート

2016	0	0	0	0	0
合計	**21**	**27**	**5**	**23**	**76**
割合	28%	36%	7%	30%	

※ 2017 年 7 月 31 日時点
※年度は、育成ドラフトで指名された年度

出所：NPB のウェブサイトより筆者作成〈表 3-1、3-2、3-3 とも〉[注48]

　次に、育成ドラフトで指名された選手の構成を見てみよう。

表3-2　育成ドラフト指名選手の出身母体(2005-2016)

年度	高校 人数	大学 人数	独立 人数	その他 人数	総数
2005	0	2	2	2	6
2006	3	4	1	4	12
2007	4	4	6	1	15
2008	11	5	7	3	26
2009	6	8	3	0	17
2010	14	6	5	4	29
2011	6	7	11	2	26
2012	4	5	4	0	13
2013	6	5	1	1	13
2014	14	5	2	2	23
2015	9	8	11	0	28
2016	9	9	9	1	28
合計	**86**	**68**	**62**	**20**	**236**
割合	36%	29%	26%	8%	

　同期間に育成ドラフトを経て入団した育成選手は全部で236名。その構成は、高校86名、大学68名、独立リーグ62名、その他20名である。割合にすると、高校36%、大学29%、独立リーグ26%、その他8%となる。

　これを同期間のドラフト指名選手と比較すると、独立リーグ出身選手が、育成選手制度において、より密接な関係にあることが見て取れる。

表3-3　ドラフト指名選手の出身母体(2005-2016)

年度	高校 人数	大学 人数	社会人 人数	独立 人数	総数
2005	38	30	28	0	96
2006	33	30	25	2	90
2007	39	24	8	2	73
2008	29	21	16	2	68
2009	25	20	18	3	66
2010	25	23	17	3	68
2011	33	20	19	0	72
2012	23	24	21	2	70
2013	24	21	29	2	76
2014	32	24	22	3	81
2015	30	30	27	1	88
2016	35	32	19	1	87
合計	366	299	249	21	935
割合	39%	32%	27%	2%	

　【表3-3】に示している通り、ドラフト指名選手に占める独立リーグ出身者の割合は2%に過ぎない。そのほかの出身母体は、高校39%、大学32%、そして社会人27%である。これが育成ドラフトとなると、独立リーグ出身者の割合は26%に跳ね上がるのだ。先に記した通り、育成選手制度は、独立リーグの存在ありきではなく、また独立リーグの発足も育成選手制度ありきではなく、偶然の産物である。しかし、NPBの新たな人材確保の手段である育成選手制度に、独立リーグは人材供給において大きく貢献している。

●価値が高まる独立リーグの人材

　この現象の背景となっているのが、独立リーグの選手が、NPB球団にとって、社会人や高校・大学の選手に比べて制約が少ない、便利な存在だということがある。

　他の母体にある制約とはどのようなものか。以下、その制約を母体別に列挙しておきたい。

第3章　プロ野球新人選手獲得の良循環を生んだ新たなルート

①社会人野球の選手の場合

- 日本野球連盟（社会人野球の統括団体）に新規で登録された選手は、高卒（中途退学者、中卒者も含む）の場合は3年間、大卒（短大、専門学校、中途退学者も含む）は2年間、NPBと契約を結ぶことができない。これは企業チームのみならず、同連盟に所属しているクラブチームの選手にも適用される。

- 企業チームの選手について、育成選手としての指名はしないでほしいという日本野球連盟の申し入れを、NPBは尊重している。つまり、獲得するのであれば、ドラフト会議で指名する必要がある。

- 選手および所属企業の意思を忖度する慣習あり。つまり希望球団や希望順位を尊重する慣習がある。希望球団や希望順位などは表明しないことになっているが、現実には、○○球団には行かない、3位以下ならば行かない、などの情報は、NPBの各球団は、公知の情報であるかのごとく知っており、慣例としてその希望は尊重される。その企業が、NPB球団に複数の人材を供給している場合は特にそうである。人材供給源とは良い関係を保ちたいというのが主因だが、スカウトの個人的な人間関係なども時にはある。

②大学・高校生の場合

- 社会人ほどではないが、NPBに多数の人材を輩出している大学や高校ともなると、やはり、希望球団や希望順位については尊重される慣例がある。

- 学生選手が退部した場合、NPB球団と契約を結ぶことができる（ドラフト対象となることができる）のは、その翌年度になる。つまり、学校年度の開始となる4月1日以降に退部した場合は、その年のドラフトではなく、その翌年のドラフトまで待たなければならない。

- 育成選手で獲得を試みる場合は、入団するかどうかに関して、綿密に吟味がなされる。社会人とは違い、育成ドラフトで指名してはいけないなどの

制度上の制約はない。また、大学生と高校生については、ドラフト会議（育成ドラフトも含む）の対象となるために、プロ志望届を提出すること、そして、プロ志望届を提出する以上は、希望する球団や希望する指名順位などを表明してはいけないことをNPBと日本学生野球協会との間で申し合わせがなされている。ところが現実は、事前の情報収集の段階で、育成指名の場合はお断りとの旨は確かな情報として各球団がキャッチすることになるため、敢えて指名することはしないのである。

こうした制約が、独立リーグの選手については一切ない。プレーする環境も、生活環境も厳しい独立リーグで野球を続ける選手にとっての目標は、ほぼ例外なくNPBに入団することである。また、リーグにとっても、ドラフトおよび育成ドラフトで一人でも多くの選手が指名されることは、極めて重要なことなのだ。独立リーグとはいえ、売り物は選手であり、よりレベルの高い、また意欲に溢れる選手を確保することは、リーグ経営の根幹である。実際、独立リーグの関係者は、NPB球団に、その所属選手を必死に売り込んでいる。このような状況にある独立リーグの選手は、NPB球団にとって、指名順位を気にする必要もなければ、契約金も安く済む、大変に便利な存在なのである。それに加えて、育成ドラフトで獲得した独立リーグの選手62名中23名が支配下登録されるなど、戦力に資することも証明してきた。

筆者が、2010年に福岡ソフトバンクホークスのチーム編成担当の責任者に就任してすぐに、選手の保有数を大幅に増加させ、2011年から球界初の三軍制に踏み切ったのも、独立リーグの存在と、育成選手制度の活用を前提としたものであった。育成選手制度の発足以前は、支配下登録の70名が最大の選手保有枠であり、それを超える球団は当然のことながらなく、支配下登録枠外の育成選手制度が導入された2005年以降も、ほとんどの球団が70名前後の保有に留まっており、80名を超える球団はなかった。

ソフトバンクは、この年以降、毎年、大量の育成選手を指名しつつ、支配下・育成合わせて90名前後の選手を保有する三軍体制のもと、育成選手出

身者からWBC日本代表に選出されるまでになった千賀滉大や、2017年にパ・リーグベストナインに選出された甲斐拓也など、チームの主力となる選手が次々に現れ、また選手層が厚くなったことによるチーム内の競争がより活性化したこと、そしてこれは三軍制とは直接の関わりはないが、外国人補強も当たり、2011年〜2017年までの7年間で4度の日本一に輝く常勝軍団に変貌を遂げた。

ソフトバンクのチーム編成の成功を見て、2014年のオフに、読売ジャイアンツが、ソフトバンクと同様の三軍制を開始したほか、東北楽天ゴールデンイーグルス、オリックス・バファローズ、中日ドラゴンズなどにも追随の動きがあり、それぞれ、2017年には、14名、9名、9名の育成選手を保有するにいたった。育成ドラフトの指名人数も増加傾向にあり、2014年23名、2015年28名、2016年28名、そして2017年にはついに30名を超え32名となった。

育成選手として入団したうえで支配下を勝ち取った選手の割合を、出身母体別に比較してみても、独立リーグが、NPBへの人材供給源として大きな存在となっていることがわかる。2005年から2016年の育成ドラフトで指名された選手のうち、2017年7月31日までに支配下を勝ち取った選手は高校出身の21／86＝24％、大学出身の27／68＝40％に対して、独立リーグは23／62 = 37％である。

このように、NPB球団側からすると、獲得に際して制約が少なく、コストも低いばかりか、戦力に資する実績も着々と上げている独立リーグの人材供給源としての価値は、今後もより高まっていくと思われる。

また、独立リーグの設立の契機となった社会人野球の縮小についても、今後、状況が大きく好転することは考えにくい。というのも、2012年から続く戦後2番目に長い景気拡大期のなかにあってなお、企業チームを復活させようという声は寡聞にして聞かない。企業スポーツの縮小は野球に限った話ではなく、労働市場が流動化するなか、社員選手により企業チームを維持できない企業が増えているうえに、終身雇用が崩れつつあるなかで「職場結束

の象徴」としての「わが社のチーム」の存在意義はなくなりつつあるということだろう。

7 一体的な成功をもたらした「育成選手制度」と「独立リーグ」

　本章では、1965年にドラフト制度が発足して以降、ドラフト会議を経ることなく新人選手を獲得する手段が存在してきたことと、それを可能にしてきた制度の変遷を概観するとともに、変化の背景を検討した。

　1965年のドラフト制度発足に伴い登場したドラフト外での新人獲得という手段は、当初、指名して交渉権を得ても入団を拒否されたり、逆に球団が交渉権を放棄することも多く、その埋め合わせのために、NPB各球団が、ドラフト会議において指名がなかった選手を獲得したことから、その歴史をスタートさせた。

　その後は、アマチュア野球の要望に応えるかたちで、1974年には、ドラフト指名選手の人数枠が各球団6名以内になり、1978年〜1980年の間にいたっては各球団4名に制限されるに伴い、ドラフト外入団の存在意義は増していった。

　こうしたなか、NPB球団の一部が、制度の抜け道を発見し、利用しようという行為が横行した。たとえば、進学したり社会人になるから、ドラフト会議で指名があっても行かない旨を表明していた選手が、そののちに翻意したとドラフト外で入団させる、などである。また、ドラフト外で獲得した選手を、即、引退扱いとして、支配下登録選手（60名、当時）でない"練習生"とするなども多々見られた。

　こうした抜け道を防ぐ目的で、1990年を最後にドラフト外入団は廃止となり、その代わりに、支配下枠を10名に拡げ、各球団10名まで指名できるようになった。これは、選手を分配することにより、戦力を均衡化させ、契約金を制御するという、ドラフト制度本来の目的に立ち返ったとも言える。むろん、リーグが定められた数の球団により構成されている以上、このよう

な共存のための施策も重要だが、一方で、各球団は、それぞれが私企業であり、勝利を得るために全力を尽くす競争も、リーグの根幹である。本書の趣旨ではないので詳しくは触れなかったが、ドラフト外での選手獲得が禁じられてほどなくして登場（1992年ドラフト）した逆指名制度も、共存のしくみは保ちつつも、所属球団の旺盛な競争心を削がないようにしたリーグとしての苦心の産物とも言える。

　2005年オフのドラフト会議において導入された育成選手制度も、社会人野球における企業チームの廃部が相次ぎ、有望選手の受け皿が狭まっていることから、かつてのようにアマチュア野球界からNPBに対して、獲得選手の人数に制限を設ける要望も特にないなか、戦力の充実のために、多様な選手を試してよいという方向になったということである。育成選手制度の導入を機に、NPB各球団は再び、支配下登録選手枠（70名）を超えて人数を確保できるようになった。
　この2005年は、日本において初の本格的な独立リーグである四国アイランドリーグの発足と同年ということになり、両者はNPBにとっては新たな人材供給源であり、ドラフトで指名されない選手にとっては受け皿として、機能することとなった。そして、独立リーグの選手が育成選手となり、さらには支配下登録選手になっていくという「供給ルート」が生まれたのだが、育成制度と独立リーグはどちらも、その存在を前提にしていたわけではない。
　独立リーグの発足は、地域密着型のプロスポーツによる地域の活性化が、市民権を得つつあり、一定の需要が期待できそうな環境下で、社会人野球における企業チームの激減により、アマチュア野球の裾野が狭まるなかで、キャリアとして野球を継続する場所を求めている選手が存在することにより、需給の成立が期待できたからである。

　すなわち、育成選手制度も、独立リーグも、その発足は、両者を前提としたわけではなかったものの、キャリアとして野球を継続することを望む選手

にとって、そうする場所が狭まっていることが導入の契機になったという点において、育成選手制度の導入と、四国アイランドリーグを皮切りに相次いだ独立リーグ球団の勃興は、同根なのである。

　また、独立リーグは、ドラフトと育成ドラフトへの選手の供給源として位置付けられているが、特に、育成ドラフトについては、指名選手の26％が独立リーグの選手であり、また育成ドラフトから支配下登録に「昇格」する選手の30％が独立リーグ出身であることを考えれば、育成ドラフトと独立リーグは同根であるだけでなく、独立リーグが育成ドラフトの成功をもたらしたと言うことができるだろう。その意味において、両者は「一体的な成功」を実現したのである。さらに言えば、この一体的な成功は、ドラフトおよび育成ドラフトにおいて選外であった選手が、独立リーグをNPBの球団に入団する経路と見なすことを現実的なものとする。結果として独立リーグへの入団を希望する選手が増加し、独立リーグは発展する。そしてこれが、NPBの選手供給源としての独立リーグの位置付けをより高いものにしていく。このような良循環は、独立リーグのチーム数の増加というかたちで、既に現実的なものになっていると思われるのである。

第 **4** 章

経営基盤の確立に苦戦する
独立リーグ

1 独立リーグ経営の紆余曲折

　NPBの人材供給源として、確固たる存在になりつつある独立リーグだが、プロスポーツである以上、運営費を稼げなければならない。つまり、少なくとも収支がトントンでなければ成立しない。そして、収支トントンになるためには、武藤（2009）[注49]が指摘しているように、地域に受け入れてもらわないと成り立たない。地域に受け入れられなければ、そういう存在にもなり得ない。

　実際、ルートインBCリーグ（以下BCリーグ）、四国アイランドリーグplus（以下アイランドリーグ）ともに、「野球界の底辺拡大と選手の育成」と「地域の活性化と地域貢献、地域における人材育成」を謳っている。地域活性化のツールになることができれば、それはすなわち、人材供給源としての役割を果たせるということだ。

　しかしながら、先の章において若干触れたように、日本の独立リーグの財政状況は決して楽ではない状況が続く。以下、これまでの紆余曲折を時系列で整理しておきたい。

●資料とヒアリングによる調査

　インターネット調査、文献調査を経て、主要な独立リーグ2団体（アイランドリーグと、BCリーグ）と、その所属球団を対象に、資料収集と代表者へのヒアリングを行い、経営状況について、現在にいたるまでに起きた特徴的な事例を抽出する。それらの事例が生じた要因・背景を明らかにするために、直面した障壁と、その障壁を乗り越えるために行った施策や、現在進行形で抱えている諸問題、諸障壁について、提供いただける財務諸表や代表者へのより詳しいヒアリングを行うことで、統計的、時系列的に分析した。さらに、フォローアップとして、定性調査とインターネット調査、文献調査を繰り返した。

第4章 経営基盤の確立に苦戦する独立リーグ

　具体的なインタビュー調査の対象者は以下である。なお、肩書はいずれも調査当時のものである。

　★四国アイランドリーグplus
　・鍵山誠前理事長（2005年から2015年まで、リーグのオーナーとして舵を取り、資金提供をもってリーグを支えた）
　・森本美行会長
　・坂口裕昭理事長
　・高知ファイティングドッグス球団の北古味鈴太郎オーナー
　★ルートインBCリーグ
　・村山哲二代表取締役
　・小松原鉄平取締役事務局長
　・石川ミリオンスターズ球団の端保聡代表取締役社長
　・信濃グランセローズ球団の飯島泰臣オーナー
　★自治体
　・福岡県筑後市の江崎紹泰ファーム連携推進室
　・福岡県福岡市の広川大八経済振興局長
　・佐賀県佐賀市の木下敏之市長

　なお、NPBおよび福岡ソフトバンクホークスについては、福岡ソフトバンクホークス取締役として知り得た情報を、守秘義務を侵さない範囲で使用した。

◉存続の危機にまで瀕したアイランドリーグ
　アイランドリーグは、今にいたるまで、たびたび存続の危機に瀕しており、現存する4球団の経営はすべて入れ替わっている。
　香川、徳島、愛媛、高知の4県のチームで構成する「四国アイランドリーグ」がスタートしたのは2005年である。発起人は、1980〜90年代前半に"常勝軍団"として知られた黄金期の西武などで活躍した石毛宏典で、構成する4チームはすべて、運営会社IBLJの事業部門という、いわゆるシング

81

ル・エンティティのリーグモデルだった。

　しかし、その運営は、有料入場者の少なさやスポンサー収入の伸び悩みが報道されるなど資金繰りの悪化が懸念され、実際、シーズン終了後には、当初の見込みである収入約7億5000万円、支出約6億7000万円で8000万円の黒字に届かなかったばかりか、2005年度の決算見込みが3億円を超える赤字であることが判明した。こうした事態を受けて、アイランドリーグのスポンサー企業を経営していた鍵山誠が、請われるかたちでIBLJの経営を引き継いだ。

　一方で、同年12月のドラフト会議で、リーグ所属の2選手が育成ドラフトでの指名を受け、NPBの人材供給源としての歴史をスタートさせている。

　経営を引き継いだ鍵山は、各球団がより地域に密着した独自経営を可能とするために、IBLJの事業部門だった各球団を、IBLJの100％出資により資本金1000万円の子会社として法人化し、各球団に興行権を委譲し、高知を除く3球団は2006年中に新たな出資者を確保した。

　また、各球団の分社化・興行権委譲に伴い、選手給与の体系も変更している。1年目の2005年度は一律月額12万円だった選手給与を、2年目の2006年度は基本給12万円・10万円・8万円と3段階のランク制に変更し、2007年にはサラリーキャップ（総年俸抑制）制度を敷いた。

　それでも赤字決算は続き、2006年度は1億7000万円、2007年度も1億3500万円を計上した。また高知ファイティングドッグスは、2007年シーズンになっても出資者が見つからず、IBLJの直接経営および損失補填によって存続している状況であり、リーグの先行きは危ぶまれたままだった。[注50]

　こうした苦境の背景として、四国の市場規模が縮小の一途を辿っていることが大きな要因であると考えたIBLJは、リーグ拡張による経営基盤の確保を試みた。市場拡大の地は九州。長崎セインツと福岡レッドワーブラーズの2球団が新規に加盟した。

　結果的にこの拡張は失敗に終わる。2008年度は、福岡、長崎の赤字額が両球団合わせて8500万円、リーグ全体では3億1200万円に膨らんだ。2009

第4章　経営基盤の確立に苦戦する独立リーグ

年度も両球団の赤字は合わせて8300万円を計上し、この年をもって福岡は休止した。2010年は、5球団体制となったところで、関西で新たに立ち上がった独立リーグ「ジャパン・フューチャーベースボールリーグ」との交流戦を組み込んだが、長崎も2010年シーズンをもって解散となった。2011年度は、発足して1年で休止となったジャパン・フューチャーベースボールリーグから、三重スリーアローズが横滑りするかたちで加盟したが、同年一杯をもって脱退・解散した。これ以降、リーグは当初の四国の4球団での体制が続いている。

　一方で、分社化された四国4球団においては、経営ノウハウの蓄積と地域の認知は少しずつだが確実に進み、2010年には創設してから初めて全体の赤字額は1億円を切り、翌2011年には、初めて黒字球団を輩出するまでになった。それでも、2010年には、徳島の主な出資者が撤退し、IBLJが直接経営をしながら新たな出資者を探す状況を強いられたり（2012年に新たな運営会社を設立して運営にあたっている）、愛媛においても、メインスポンサーが赤字補填の継続が困難になったとして、愛媛県および県下の自治体・企業が出資する「県民球団」に変更となるなど、経営基盤の安定と言える状況ではない。

表4-1　独立リーグ球団の市場規模

地域	県人口	順位	球団事務所所在市の人口	市
愛媛	136万	28	51万	松山市
香川	97万	39	42万	高松市
徳島	74万	44	26万	徳島市
高知	71万	45	33万	高知市
四国四県	378万			
新潟	227万	15	80万	新潟市
長野	208万	16	37万	長野市
石川	115万	34	47万	金沢市
富山	106万	37	42万	富山市
福井	78万	43	26万	福井市
群馬	196万	19	37万	高崎市

福島	188万	21	36万	郡山市
武蔵	730万	5	20万	熊谷市
栃木	196万	18	17万	小山市
滋賀	141万	26	14万	草津市

出所：総務省による人口推計（2017年10月1日）より

●失敗に学んだBCリーグの経営

　BCリーグにも経営危機はあったが、アイランドリーグのように球団が消滅したり、創設時の球団経営がすべて入れ替わって現在にいたる、というようなことは起きていない。

　アイランドリーグから2年遅れて、2007年からリーグ戦をスタートさせたBCリーグは、【表4-1】の通り、創設メンバーである4球団の本拠地がある県（新潟、石川、富山、長野）はすべて、県民人口が100万人を超えており、その後に新規参入した球団を見ても、アイランドリーグに比べて、市場規模ははるかに大きい。

　また、2年遅れでスタートしたことにより、アイランドリーグの失敗から学ぶことができたこともあるだろう。たとえば、アイランドリーグが、運営会社が所属球団の経営も行うというシングル・エンティティとしてスタートしたことで、地域プロスポーツの根幹である地域密着が不十分だったことを学ぶことができた。その結果、当初からリーグ運営会社（株式会社ジャパン・ベースボール・マーケティング：以下JBM）と各球団は、それぞれ独立採算の法人とすることと、個々の球団については、その経営のための資本と人材は各県に立脚したものにすることを前提とした。村山はそのように述懐している。

　それでも経営危機は、初年度を含め、複数回起きている。

　アイランドリーグの状況および市場規模などを踏まえ、村山はリーグ初年度の2007年は、1試合あたり有料入場者2000人（シーズンシートを含む）×単価600円＝120万円に設定しつつ、リーグ・各球団とも株主・スポンサーなどの協力企業や後援会組織などからの収入も含めた黒字運営を目標とした。

　だが、現実は厳しく、観客動員数は招待券による入場者を入れても1790

人と、当初の目標値には遠く及ばなかった。スポンサーセールスも、リーグ運営会社のその見込みは2億2000万円だったが、実際は6000万円に届かず、1億6000万円の未達だった。

初年度の収支は、リーグ運営会社が5000万円の赤字、所属球団の赤字は4球団合わせて1億2500万円という結果に終わった。

その翌年は、群馬と福井が加わり、6球団体制でリーグ戦が行われ、平均観客動員数は1318人と前年を下回ったものの、運営会社および各球団が一層の経費削減に努めた結果、赤字額は総計1億3900万円に圧縮された。しかし、JBMは、この年の赤字額4000万円をもって債務超過（資本金1億円に対して、累積赤字1億1400万円）に陥り、村山は私財を投じるなどして急場をしのぐことになった。

続いて起こったのが、福井ミラクルエレファンツの経営問題である。福井は、2年目のシーズンを迎える頃には球団の運営資金が底をつき、継続が困難になるなか、福井新聞社の支援によりシーズンを乗り切り、シーズン終了後、同社が100％出資する新会社に経営を譲渡することで存続することになった。

2010年には、JBMと創設時からの4球団のうち3球団が黒字に転換し、以降、今にいたるまで財政危機が表面化するような事態には発展していない。

2 低値安定期にある独立リーグの現在

そんな沿革の独立リーグの経営の今を、それぞれのリーグから提供いただいた財務データをもとに以下に記す。

まずシーズンの運営方法（リーグ戦方式）について記しておきたい。

両リーグとも毎年、試合数を若干変更させており、以下に記すのは2018年のものである。10球団を東地区と西地区に分け、前期（4月7日〜6月22

日）、後期（6月23日〜9月9日）の2期制である。東地区の球団は各期35試合（合計70試合）、西地区の球団は各期34試合（合計68試合）である。その内訳は、同一地区内では東地区が年間62試合、西地区は年間60試合を実施する。他地区との試合は年間5試合、そこに巨人三軍との交流戦が3試合加わる。

アイランドリーグは、四国各県に1つずつの4球団が前期36試合・後期30試合を戦う2期制である。そのうち、ソフトバンク三軍との交流戦が各期とも4試合、巨人三軍との交流戦が各期とも2試合組まれている。

BCリーグ、アイランドリーグともに、前後期の優勝チーム同士によりプレーオフが行われ、年間優勝チームが確定する。また、両リーグの優勝球団による日本独立リーグ・グランドチャンピオンシップが、2007年以来、毎年開催されている。試合方式は、3戦先取りで、2017年までの11回のうち、アイランドリーグの7勝、BCリーグの4勝である。

さて、その両リーグの経営の今はどのようになっているだろうか。【表4-2】で全体像を捉えてみたい。なお、財務情報については、それぞれ一般に公開されていないことを踏まえ、BCリーグの10球団については、BC-A、BC-B……BC-Jとし、アイランドリーグについては、IL-A……IL-Dとする。

表4-2　独立リーグ球団の売上と経常収支（2017年）

（単位：千円）

	売上	経常収支
BC-A	188,396	18,497
BC-B	136,434	1,697
BC-C	109,586	5,722
BC-D	121,000	1,200
BC-E	100,302	1,651
BC-F	94,189	-16,683
BC-G	137,147	-54,219
BC-H	45,920	-35,440
BC-I	102,302	-143,508
BC-J	75,600	-12,641

第4章　経営基盤の確立に苦戦する独立リーグ

BCL	102,347	3,918
BC 総売上	1,213,223	-229,806
一球団平均	111,088	-23,372
IL-A	141,800	3,486
IL-B	78,143	-13,937
IL-C	93,853	-12,562
IL-D	125,059	784
IL	32,725	-7,347
IL 総売上	471,580	-29,576
一球団平均	109,714	-5,557
全体の売上	1,684,803	-259,382
球団平均	110,695	-18,282

出所：両リーグより提供いただいた資料をもとに筆者作成

　BCリーグの総売上は12億1300万円、アイランドのそれは4億7200万円、合わせて16億8500万円である。経常収支は、BC、アイランドともに赤字であり、合わせて2億5900万円というのが、2017年の状況である。

　個別の球団を見ると、BC10、アイランド4の合計14球団中、黒字が7、赤字が7である。売上は平均額が1億1100万円、最も多い球団で1億8800万、最も少ない球団で4600万円である。

　この数字を、持続可能性の観点からどう見るか。

　そのための材料としてひとつ、経年変化を見ておきたい。

　まずは、両リーグの代表者（当時）がそれぞれ、最も危機的な状況だったという2008年と比較してみたい。【表4-3】の2008年の数字は、両リーグが独立リーグの経営状況についてNPBに報告すべく、2013年に共同で作成、提出した資料から抜粋した。

　2008年、その前年にアメリカ合衆国のサブプライム住宅ローン危機に端を発した資産価格の暴落が世界中の景気を冷やしていた。こうした経済状況のもと、独立リーグの財政は困窮を極めた。BCリーグの発足2年目となる同年は、【表4-3】の通り、所属4球団とリーグ事務局は、売上10億5500万円に対して、1億3900万円の赤字となり、リーグ事務局は債務超過に陥った。

表4-3　独立リーグ球団の収支の比較（2017年と2008年）

（単位：千円）

	2017 年		2008 年	
	売上	経常収支	売上	経常収支
BC-A	188,396	18,497	158,000	-14,793
BC-B	136,434	1,697	157,000	-7,683
BC-C	109,586	5,722	153,000	-25,260
BC-D	121,000	1,200	146,000	-276
BC-E	100,302	1,651	168,000	-14,793
BC-F	94,189	-16,683	134,000	-35,460
BC-G	137,147	-54,219		
BC-H	45,920	-35,440		
BC-I	102,302	-143,508		
BC-J	75,600	-12,641		
BCL	102,347	3,918	138,930	-40,997
BC 合計	1,213,223	-229,806	1,054,930	-139,262
BC 一球団平均	111,088	-23,372	152,667	-16,378
IL-A	141,800	3,486		-71,817
IL-B	78,143	-13,937		-46,000
IL-C	93,853	-12,562		-68,043
IL-D	125,059	784		-42,939
IL 合計	32,725	-7,347	204,512	433
				-85,000※
IL 総売上	471,580	-29,576		-313,366
IL 一球団平均	109,714	-5,557		-57,200
全体の売上	1,684,803	-259,382	1,054,930	-452,628
球団平均	110,695	-18,282		-32,706

※その後、消滅した球団も含む。

出所：両リーグより提供いただいた資料をもとに筆者作成

　４年目を迎えたアイランドリーグは、この年から福岡と長崎の２球団をリーグに加えた６球団体制として、市場拡大による経営基盤の確保を試みたものの、結果は裏目に出た。リーグ事務局が若干の黒字（43万円）を計上したものの、６球団はすべて赤字となり、その赤字額は、既存４球団の赤字額が

計上した2億2900万円に、福岡5000万円、長崎3500万円を足した3億1300万円（【表4-3】参照）と拡大した。

　まとめると、BCリーグ、アイランドリーグともに、個別の球団すべてが赤字を計上したのが2008年だった。この年の赤字額（経常収支）は、両リーグ合わせて4億5000万円。また、リーグ事務局の売上、費用を除いたうえで、一球団あたりの経常損失を計算すると3270万円だった。

　この2008年と2017年とを比較すると、【表4-3】の通り、経営状況は格段の進歩を遂げている。

　先に2017年における黒字球団と赤字球団の数が7－7で拮抗している旨を記したが、2008年当時から存続しているBCリーグの4球団はすべて黒字に転換している。また、アイランドリーグにしても、当該年の黒字球団こそ2つだが、その赤字2球団も2015年～2017年の3年間において黒字転換を果たしており、すなわち、慢性的な赤字状態というわけではない。

　一方、売上高を見ると、さほど大きな進展が見られない。アイランドリーグについては、【表4-3】の当該部分が白紙になっているが、これは2008年の個別球団の売上高に関するデータを得ることができなかったので、BCリーグの売上高を2008年と2017年で比較する。

【表4-3】から見て取れる通り、リーグ全体の総売上（各球団＋リーグ運営事務局）は10億550万円から12億1300万円へと増加しているものの、このあいだに球団数も当時の6から10へと増えており、一球団平均にすると、1億5300万円から、1億1100万円に減少している。

　それでも黒字となっているのは「各球団の経営合理化が進んだ」とBCリーグの村山哲二代表が述懐しているが、2008年以降、各球団は人員削減を含む経営合理化を強力に推し進めてきた。たとえば信濃球団は、飯島泰臣会長によれば、2009年から役員とゼネラル・マネージャー（GM、チーム編成の総責任者）の報酬を大幅に削減し、翌2010年にはGMと正規社員が退職したが、その補充をしなかった。このとき、職員数は、社長を加えた常勤者が4名、非常勤が1名の5名体制となり、今にいたっている。

　こうした人員削減策を中心とした運営効率化を推し進めた結果、費用（売

上原価＋販売費及び一般管理費）は 2008 年の 1 億 7500 万円から、2010 年には 1 億 2000 万円を切るところまで圧縮することができた。こうして同球団は以降、コストを 1 億 2000 万円以下に留めつつ、売上高と営業外収益で、その費用を賄いながら、存続しているという状況である。

表4-4　独立リーグ、過去5年間の経営数値の推移

（単位：千円）

	2017 年		2016 年		2015 年		2014 年		2013 年	
	売上	経常収支	売上	経常収支	売上	経常収支	売上	経常収支	売上	経常収支
BC-A	188,396	18,497	182,384	21,922	181,305	15,338	173,221	11,140	180,939	10,761
BC-B	136,434	1,697	116,620	2,352	104,903	−9,287	111,309	671	111,451	483
BC-C	109,586	5,722	112,030	8,215	101,648	−15,699	82,205	−15,699	72,772	−11,898
BC-D	121,000	1,200	122,000	1,500	111,000	−8,800	126,000	700	126,500	−4,300
BC-E	100,302	1,651	113,056	2,616	91,803	3,125	114,939	3,309	93,905	−3,262
BC-F	94,189	−16,683	97,334	−15,043	104,135	−19,087	95,000	−25,775	97,463	−21,739
BC-G	137,147	−54,219	156,171	−10,000	132,444	2,056				
BC-H	45,920	−35,440	77,857	−50,310	77,023	−50,310				
BC-I	102,302	−143,508								
BC-J	75,600	−12,641								
BCL	102,347	3,918	105,955	2,873	75,025	−5,735	82,105	−3,975	72,883	783
BC 総売上	1,213,223	−229,806	1,083,407	−35,875	979,286	−88,399	784,779	−29,629	755,913	−29,172
一球団平均	111,088	−23,372	122,182	−4,844	113,033	−10,333	117,112	−4,276	113,838	−4,993
IL-A	141,800	3,486	163,300	2,500	157,885	2,459	148,280	1,804	150,645	3,111
IL-B	78,143	−13,937	81,732	201	58,290	−21,035	87,795	−1,069	71,164	−17,776
IL-C	93,853	−12,562	73,398	−5,634	113,318	20,416	93,091	−24,417	104,079	−28,222
IL-D	125,059	784	95,900	700	123,005	10,006	122,374	5,996	106,125	−16,739
IL	32,725	−7,347	44,543	−16,200	52,875	−24,735	60,759	929	58,342	5,625
IL 総売上	471,580	−29,576	458,873	−18,433	505,373	−12,889	512,299	−16,757	490,355	−54,001
一球団平均	109,714	−5,557	103,583	−558	113,125	2,962	112,885	−4,422	108,003	−14,907
全体の売上	1,684,803	−259,382	1,542,280	−54,308	1,484,659	−101,288	1,297,078	−46,386	1,246,268	−83,173
球団平均	110,695	−18,282	115,982	−3,415	113,063	−5,902	115,421	−4,334	111,504	−8,958

出所：両リーグより提供いただいた資料をもとに筆者作成

【表4-4】にある過去5年間の各球団の経営数値を見ると、平均売上高は5年とも1億1000万円を超えている。

経常赤字は2017年については、2球団における一時的な要因（オーナー会社の変更に伴うBC-Gと、大規模な設備投資を敢行したBC-I）によって、1800万円を超えたが、その前年の2016年は340万円、2015年については590万円だった。

坂口氏、村山氏ともに、売上1億1000万～1億2000万円で収支トントンか少しマイナスというのが現在の独立リーグの実態と言っていいだろうとの見解であった。

坂口氏によれば、細かく見れば、世界的に有名な選手の入団で全国的な注目を浴びた球団が、当該年度の売上が対前年比で30％増加したり、オーナー会社の変更に伴う営業力の変化で、売上高が前年比35％下落するなど、変化はあるが、俯瞰すると、各球団およびリーグともに、売上高も経常収支もある種の安定期にあるという見解だった。

3 スポーツ興行のキモとなる観客動員数が伸び悩む

ある種の安定期にはあるが、独立リーグ球団の将来像はというと、どちらのリーグからも、楽観した声は聞かれない。

その原因のひとつが観客動員数が伸びないことである。観客動員は、スポーツ興行の実務者の間では経営基盤の柱と位置付けられている。

特に、独立リーグのような、トップレベルではない地域リーグにとっては、マスメディアのコンテンツとしての価値を有するわけではないので、地元住民の来場に伴う入場料、入場者を対象とした飲食物販や広告看板が収入源である。

端的に言えば、地域に密着したプロスポーツは「観客が来なければチームが成立しない」のである。なぜならば、観客が来なければ、入場料や飲食などの直接効果は生まれない。先に記した武藤（2009）の指摘の通り、観客が

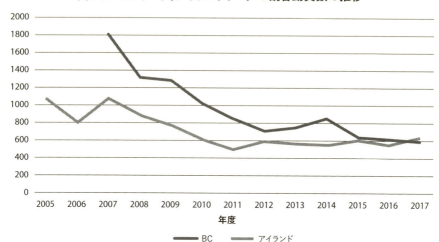

図4-1 BCリーグ、アイランドリーグの観客動員数の推移

出所：両リーグより提供いただいた資料をもとに筆者作成

来なければ、地元の人の理解が得られず、スタジアムの改築などで発生する経済波及効果も生まれないのが、地域密着プロスポーツである。

ところが、この観客動員数が伸びていない。

2017年の平均観客動員数はBCリーグが606人、アイランドリーグが622人である。

また、【図4-1】から見て取れるように、好転の兆しは必ずしも見えていない。

BCリーグの初年度（2007年）の平均観客動員数は1790人であり、以降、漸減が続いている。アイランドリーグも、初年度（1068人）と3年目に1000人を超えて以降は、漸減傾向にある。入場者数が地域密着のバロメーターであるという前提に立てば、漸減している状況は、地域社会における認知が高まっている地域住民の娯楽として定着しているとは言い難いということである。

両リーグとも、成り行きに任せているわけではなく、地域への浸透を図り、さまざまな施策を打ち出している。アイランドリーグは、坂口理事長によれば、4球団合計で、年間700回を超える地域貢献活動を行い、84万人と

球場外で触れ合うことで、地域との密着を図っている。その活動は、野球教室、地域行事への参加、学校や施設への訪問、ＰＲ・キャンペーンへの協力など多岐にわたる。高知ファイティングドッグスのように、農業事業部を立ち上げ、牛を飼い、作物を作っている球団もある。ＢＣリーグも、アイランドと同様の地域貢献事業を多々行っている。なお、これまでの最高観客動員数は、2014年、NPBとMLBで活躍した木田優夫の引退試合に、交友のある明石家さんまが立ち会うという企画を催し、独立リーグ史上最高となる１万5877人が来場し、満員御礼となった。

4　頼みは、地元企業の心意気

　独立リーグの売上の中心は、スポンサー収入である。【図4-2】の推定値は、村山哲二代表からも、数字のズレはあるが、ＢＣリーグの経営数値の分

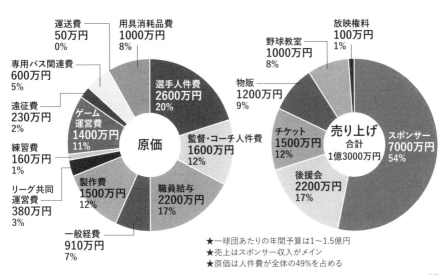

図4-2　ＢＣリーグ球団の運営モデル

★一球団あたりの年間予算は１〜1.5億円
★売上はスポンサー収入がメイン
★原価は人件費が全体の49％を占める

出所：『週刊ベースボール』2018年２月13日号[注51]

析の材料としての使用に耐えうる範囲、つまりそれほど離れていないという確認を取れているが、これによれば、スポンサー売上が、売上の54％を占めている。アイランドリーグも、同リーグで最大の売上を誇る IL-A の売上におけるその割合は、2014年～2016年の平均で59％を占めており[注52]、その他の球団についても、坂口理事長によれば売上の過半を占めているという。

　このスポンサー売上の特徴は、小口の地元企業をかき集めたものである。とはいっても、マス媒体を通じての露出がないなかで、広告効果や注目度アップを目的としたスポンサーシップは期待できず、頼みは、地元企業の「地域密着のプロスポーツを応援しよう」という心意気である。2016年度のアイランドリーグでは、各球団平均スポンサー数は233社だった。100万円を超える規模は稀で、その多くは50万円程度である。

5　地域密着プロスポーツの、最も効率的な収入源

　スポンサー収入が最大の収入源であるのは、実は、独立リーグに限ったことではない。

表4-5　Jリーグ（J1、J2、J3）、Bリーグ、BCリーグの売上に対する各科目の割合

	J1	J2	J3	B1	B2	BC
売上	3,640	1,313	384	643	189	130
広告	46.7%	51.3%	58.1%	54.0%	46.0%	53.8%
入場料	20.4%	15.5%	9.9%	21.9%	23.8%	11.5%
配分金	6.2%	6.8%	4.4%	6.5%	8.5%	0.0%
アカデミー	4.5%	4.6%	9.1%	3.3%	4.8%	7.7%
物販	8.4%	7.5%	4.2%	4.0%	5.3%	9.2%
その他	13.9%	14.2%	14.1%	10.6%	11.1%	17.7%

※売上の単位は百万円
※Jリーグ、Bリーグは2016年度、BCリーグは2017年度
　　　　　　　出所：Jリーグ、Bリーグは各リーグのHPでの公表数値より[注53]、
　　　　　BCリーグについては先に記した『週刊ベースボール』のデータをもとに筆者作成

第4章　経営基盤の確立に苦戦する独立リーグ

　地域密着を謳う他の日本のプロスポーツと比較した【表4-5】をご覧いただきたい。科目の呼称については、Jリーグ、Bリーグとも、スポンサー収入を広告収入としているので、それに従った。また、BCリーグの野球教室の科目は、JおよびBにおけるアカデミーに相当すると考え、野球教室の売上はそこにはめ込んでいる。

　Jリーグは、J1においても、最大の収入源は広告収入で、一球団あたり平均売上額の36億4000万円のうち47％を占めている。そして、J2、J3と、競技レベル、売上が下がるに従い、その割合は51％、58％と高くなっていく。つまり、営業範囲が狭くなり、より地域密着度が高まるにつれ、広告収入の割合が高くなっているということだ。2016年に新たに発足したBリーグは、その初年度の一球団あたり平均売上額6億4300万円のうち54％が広告収入だった。

　かねてから指摘されているように、日本においては、「観るスポーツ」としての歴史が80年を超えるプロ野球および100年を超える高校野球を除くと、地域に地元のクラブがあって、地域住民が観戦・応援するというライフスタイルは定着していないということなのだろう。一方、地域の小規模プロスポーツは、先に記した通り、広域での露出を期待できるビジネスではないため、広告の収入源は、小口の地元企業からのものと、試合会場での自治体からの業務委託費を受け取っての広報活動が主なものであり、それは、それぞれのプロスポーツが生き残るために必死に地域密着活動をしてきた成果として、地域の公共財としての一定の認知を獲得するにいたっていると言ってよいのだろう。

　クラブ（球団）側からすると、赤字が続けば存続ができないから必死に営業活動をする。先に、アイランドリーグが年間700回を超えるコミュニティ活動を行っている旨を記したが、これもその一環である。

　つまり、こうした活動の結果として、スタジアム（アリーナ）に足を運ぶところまではいかなくとも、地元企業（商店レベルの零細企業を含む）に、地域で定期的に行われる健全な娯楽であり、地域のアイデンティティになり得るという理解は、ある程度得ていると言えるのかもしれない。すなわち、行

政からすれば、町の賑わい創出、地域振興の予算を使う対象として、企業にとっては、地域貢献の予算を使う対象になるというのが、独立リーグを含めた日本の地域密着プロスポーツの、現時点におけるベストプラクティスなのだろう。

6 成功モデルで注目を集める後援会制度

なお、【図4-2】の独立リーグ（BCリーグ）の売上項目において、2番目に大きな収入源である後援会についてもここで言及しておきたい。

後援会とは、広告掲示を伴わないスポンサーのことであり、タニマチというとわかりやすいかもしれない。会費を払うことでチームを支援するという意味においては、ファンクラブと同様の機能であるが、ファンクラブとの違いは、ファンクラブはチームが運営母体であるのに対して、後援会はチームとは別組織が運営する点である。

この後援会の活用によって、劇的に売上を向上したことで有名なのが、サッカーの新潟アルビレックスである。責任企業（事実上の親会社）もなく、大都市を市場としているわけでもないアルビレックス新潟が、J1屈指の観客を動員する人気チームとなり、Jリーグが掲げる「地域密着」の成功例として賞賛されるようになったその最大要因が後援会制度であることはよく知られている。「県民が支えるプロチーム」を標榜し、県内各地の青年会議所を中心に組織づくりを進め、毎年、1億円を超える会費を集めることに成功した。その効果は集客面にも表れ、後援会員特典の招待券が県民の足をスタジアムに向け、Jリーグ屈指の観客動員数へとつなげたのだ。年会費は、個人が一口1万円、法人会員が一口30万円で、2017年実績で、個人会員9249名、法人会員850社、1億749万円をクラブに進呈して支援をしている。

この後援会制度は、地域密着型のプロスポーツのひとつの成功モデルとして、2005年に誕生した男子プロバスケットリーグ（bjリーグ）、そして独立リーグにおいても、多くの球団で導入されている。

7 地域住民に観戦文化が定着するために必要なこと

　独立リーグは、第3章で示したように、NPBへの人材供給源としての存在価値は増しているものの、経営は安定していない。限界まで費用を切り詰めることによって、一球団あたりの平均売上が1億1000万円程度で、年によって小幅な黒字が出たり、赤字が出たりという低値安定を実現はできているものの、平均観客動員数は1000人に届かず、地域住民にとっての健全な娯楽というところまではいたっていない。野球教室や地域イベントへの参加も含めて、営業強化策を講じてはいるものの、観客動員は苦戦を続けている。

　その売上に最も貢献しているのは、スポンサー収入である。それは、小口の地元企業による地域貢献活動の一環であったり、行政による地域振興の一環であったり、更に小口の後援会というカテゴリーである。地域の健全な娯楽として、地域密着のプロスポーツクラブとしての経営を志向しながらも、来場客を中心にした経営基盤の確立に苦戦しているのは、独立リーグに限らず、JリーグやBリーグでもそうである。

　つまり、日本においては、観るスポーツとしての歴史が80年を超えるプロ野球および100年を超える高校野球を除くと、地域に地元のクラブがあって、地域住民が観戦・応援するというライフスタイルは定着していない。

　そこには、観戦・応援するための施設の問題もある。本書の冒頭で記した日本再興戦略2016では、観戦する文化の定着のためには、主に競技者目線で建設された現行の競技場や体育館等について、観客が何度も足を運びたくなるような、魅力的で収益性の高い施設が必要であると指摘し、その目的で、2017年6月には、施設の立地・アクセス、規模、付帯施設、サービス等、整備・運用に関するガイドラインを策定しており、今後の観戦文化に期待したい。観戦する施設については、この後の章で、アメリカにおける事例を紹介しつつ、総合論議で取り上げる。

| column3 |

アメリカ独立リーグの「観客受け」を狙った新たな試み

　博士になった。子供の頃、「ハカセ」で思い浮かぶのはオバＱのそれで、「学究肌」「物知り」である一方、あまり運動は好まないヒトのニックネームとして定番だったように思う。実際、わたしが通った小中高、いずれも、そういうタイプの学校だった。わたしは、どちらかというと腕白タイプで、学究の世界は想像もしていなかったが、今はどっぷり。人生は、わからないものである。

　博士論文は、「日本における独立リーグの勃興の背景と継続の条件」というタイトルで、2005年に発足した独立リーグを切り口に、野球の労働市場について考察をした。

　独立リーグが、社会人野球の縮小を補い、キャリアパスの多様化に応えるなど、野球界における人材市場を下支えるする機能を果たしてきており、存在意義が年を追うごとに深まっている一方で、興行を行う営利団体としては、観客動員に苦しみ、地域のエコシステムの一環を担うにはいたっておらず、他の多くの地域密着型プロスポーツと同様、スポンサー頼みの脆弱な財政基盤でいることの危うさを指摘した。この状況を踏まえ、人材供給の対価として、NPBを中心に野球業界全体で支える態勢（補助金を入れるなど）を敷くか、さもなくば、市場価値を試すためにも、従来秋波を送っているMLBの傘下入りもあるだろうと結んだ。

　執筆の過程で調査をした米国の自治体と独立リーグとの関係や、小規模プロスポーツチームが、地域コミュニティの創生や、地域を元気にする点において行政の機能を代行できることなど、興味深い分析もあるように思える。というような自画自賛はここまでにして、調査の際にお世話になったアメリカの独立リーグのひとつ、アトランティックリーグがMLBとの提携のもと、面白い取り組みを始めるいう報に接したので、ひとつ紹介しておきたい。

　東部沿岸部を中心に展開する同リーグは、現存する8つの独立リーグのな

かで、野球のレベルは No.1 と言われており、多くの元 MLB 選手が復帰を夢見てプレーしている。仁志敏久さんや渡辺俊介さんなど、日本人が多くプレーしてきた歴史もある。このリーグが、今年、取り組むのが、投本間の距離を伸ばすという実験である。

　野球は、好投手が実力を発揮すれば、得点はそうそう入るものではない。9 つのポジションのなかで、投手にかかる比重が突出して高い競技である。一方、野球における打撃は、あらゆるスポーツのなかで最も困難で予見が難しいといわれる神業だ。3 割打てば一流という世界で、日米のプロにおける 4 割打者は 1941 年のテッド・ウィリアムズが最後である。

　先頃、MLB 球団からドラフト 1 位指名を受けたカイラー・マーレー外野手が、NFL を選ぶことを表明したのも、野球の打者として、アマチュアでの実績から将来を予測するのは、アメフトのクゥオーターバックとしてのそれよりもはるかに困難で不確実であることも大きな要因と見られている。

　要は、投本間を延ばすことで、投手にかかる比重を下げて、観客受けする打撃戦を増やそうという試みである。その背景にはもうひとつ、あまりに難しい競技は子供が敬遠するから、その敷居を下げようということでもある。野球人口の減少は、日米ともに悩みの種だ。日本においても、独立リーグとの更なる連携に留まらず、関係するすべての人が知恵を絞って、競技普及の最善策を実施する必要があるだろう。

（『夕刊フジ』連載コラム「小林至教授のスポーツ経営学講義」〈2019年3月7日〉に加筆修正）

第 5 章

アメリカの
マイナーリーグ（MiLB）は、
なぜ発展できたのか

1 アメリカのプロ野球の基本構造

　先に記した通り、日本においては、観るスポーツとしての歴史が80年を超えるプロ野球および100年を超える高校野球を除くと、地域に地元のクラブがあって、地域住民が観戦・応援するというライフスタイルは定着していないのが現状である。それは一方で、日本再興戦略2016でも提起されているように、のびしろということでもある。実際、スポーツが大きな産業となっているアメリカにおいては、小さな都市であっても、我が町のチームが独立した事業体としてビジネスを展開している。

　野球についていえば、アメリカにおいては30のトップ球団（MLB球団）が存在し、巨大なビジネスを展開していることは既に記したが、その傘下に、MLB球団への人材の供給源としてマイナーリーグ（MiLB球団）が存在している。アメリカでは、一般に、マイナーリーグ（球団）はMLBと傘下契約のあるMiLB（およびその所属球団）と、傘下契約のない独立したリーグ（およびその所属球団）とを合わせた呼称であり、本書でもこれに従う。これについての説明は、本章のなかで詳述する。

　MiLB球団は、MLB球団と傘下契約を結び、MLB球団と契約した選手を、ファーム組織として訓練・選別するために存在している。このマイナーリーグ球団が7階層にもわたって存在し、そのうち160球団が、MLB球団が存在しない都市を拠点に、民間の独立した事業体として野球興行のビジネスを展開している。

　日本のプロ野球（NPB）には、アメリカにおけるMiLBは存在しない。NPBと契約した選手を訓練・選別するためのファーム組織は、球団内の一部門であり、一部の球団で興行化を目指す動きはあるが、独立した事業体として運営されているケースは今もない。

　日本においては、マイナーリーグはないが、独立リーグがトップリーグでないプロリーグが地域を拠点にリーグ戦を展開する民間事業体という点にお

いて、類似した存在である。

　ただし、アメリカのマイナーリーグは、MLB球団と契約した選手のファーム組織でもあるが、独立リーグは、NPBとの契約を目指す選手がプレーする場所であり、人材供給源としての性質の違いはある。

　いずれにしても、国土面積や人口の規模の違いは踏まえつつも、日本においては合計14のマイナー球団（独立リーグ球団）が、先の章で明らかにしたように、観客動員数がなかなか伸びないなかで、160ものMiLBとMLB傘下にない独立リーグ（球団）が57も事業を展開できているアメリカのマイナーリーグ事情を比較対象として検討することは、意義のあることだと考える。

　また、野球業界における労働供給市場の観点からも、アメリカのマイナーリーグの存在は比較検討する対象として意義深いだろう。第2章でも記した通り、社会人野球における企業チームが激減するなかで、NPBへの人材供給源としての独立リーグの存在意義が増している。実は、この社会人野球の存在が、日本においてMiLBが存在していないことと、アメリカにおけるMiLBの存在を説明する説明因子としても興味深いものになる。

　このように、独立リーグの勃興の背景と継続の条件を読み解くために、アメリカのプロ野球を、経営面と人材供給の両面から検討することは大いに意義のあることと思われ、本章（第5章）から第7章までの3章にわたり検証していく。

2 経営状況についての特徴的な事例の抽出方法

　本章の調査は、以下の方法を採った。まず、筆者が福岡ソフトバンクホークス球団において取締役をしていたときに、その業務上において、MLBの役職員、MLB所属球団の役職員、MiLB所属球団の役職員と日常的に接するなかで、選手獲得に関しての基礎知識を得ている。その基礎知識および2004年から継続している、アメリカのマイナーリーグ球団と地域経済との

関わり方に関する研究で得た諸情報をもとに、本章において検討するリーグおよびその所属球団を抽出する。資料収集と、代表者へのヒアリング、球団が本拠地を構える地域の自治体へのヒアリングを行い、経営状況について、現在にいたるまでに起きた特徴的な事例を抽出する。それらの事例が生じた要因・背景を明らかにするために、直面した障壁とその障壁を乗り越えるために行った施策について、提供いただいた資料や代表者へのより詳しいヒアリングを行うことで、統計的、時系列的に分析する。そのうえで、上記の方々への確認や、インターネット調査、文献調査などでアップデートした。

　本章に関係する具体的なインタビュー調査の対象者は以下の通りである。なお、肩書はいずれも調査当時のものである。

★MLB
- Tim Brosnan 事業担当取締役
- Paul Archey 国際部部長
- Jim Small 極東代表
- New York Yankees の Brian Cashman GM
- New York Yankees の George Rose 特別顧問
- Boston Redsox の Ben Cherington GM
- Texas Rangers の John Daniels GM
- Toronto Blue Jays の Alex Anthopoulos GM

★MiLB
- Charlotte Knights の Bill Blackwell GM
- Lehigh Valley Iron Pigs の Kurt Landes GM
- Akron Aeros の Ken Fogel GM
- ドミニカ共和国で、MLB 6 球団のアカデミーを経営している Junior Noboa 氏

第5章　アメリカのマイナーリーグ(MiLB)は、なぜ発展できたのか

★自治体
- South Bend の Ann Kolata 経済振興局特別職
- South Bend の Sharon Kendall 経済振興局局長
- Reading の Tom McMahon 市長

★地元メディアなど
- Sports Business Journal の Bill King 編集局長

　なお、MLB 球団における GM がチーム編成の責任者であるのに対して、MiLB 球団の GM は、球団のビジネス面における責任者である。MiLB における MLB の GM に相当する役割はない。のちに詳しく説明するが、MiLB 球団は興行は行うが、チーム編成は行わないからである。

3　アメリカトップリーグの新人選手獲得の実情

◉MLBに入団するための2つのルート
　独立リーグでプレーする選手は、MLB 球団との契約のない選手である。独立リーグという考え方は、トップリーグの存在と、そのトップリーグと傘下契約をするマイナーリーグの存在があり、その外側にあることから、そういう呼称になるのだから、独立リーグの選手がトップリーグである MLB 球団と契約がないのは当然のことではある。では、MLB 球団と契約のある選手とはどのような選手なのだろうか。

　ドラフト対象
　MLB 球団に入るには、以下の(1)〜(5)に該当する場合は、ドラフト会議を経る必要があり、その対象から外れた選手(6)〜(7)については、自由契約選手として契約をすることができる。

(1)当該年度に、アメリカ合衆国、カナダ、プエルトリコの3カ国いずれかに居住している

(2)当該3カ国の高校、短大、コミュニティ・カレッジ、大学に在籍する選手。この場合、選手の国籍は問わない。

(3)高校生は、卒業有資格選手で、4年制大学に進学しない場合に限る。

(4)4年制以上の大学生は、3年以上在学している選手、または2年以上在学している21歳以上の選手が対象となる。

(5)短大、コミュニティ・カレッジ在籍者は有資格者である。

(6)上記(4)の対象者で、ドラフト指名を受けなかった選手は自由契約選手としてMLBとの契約は可能。

(7)過去にMLB球団と選手契約を交わした選手は除外される。

MLBのドラフト会議で指名される人数は膨大で、指名枠は各球団40巡に加えて、フリーエージェント権を行使して他球団に移籍した選手の補償枠などもあり、40巡×30球団＝1200名を超える選手が指名を受ける。ちなみに、この3年間で見ると、2016年は1216名、2017年は1215名、2018年は1214名が指名を受けた。

契約金は、上位選手ともなると非常に大きく、2018年の全体1位指名を受けた選手（大学生）の契約金は750万ドルだった。ちなみに、日本では契約金の上限の目安として1億円＋出来高5000万円と設定されているから、5倍近い差ということになる。

かつては、「日本ではまだプロで実績のない新人に多額の契約金を出すが、メジャーでは新人に大金を注ぎ込むことはない。しかし、メジャーに昇格して一流になれば、日本とは比べものにならない年俸を手にできる」というのが定説だった。それを端的に示す例として球界で有名なのは、日米で、スーパースターの息子が1位で指名された1987年のドラフトである。シアトル・マリナーズから全体1位指名を受けたケン・グリフィーJr.の契約金は16万ドルだった。一方、ヤクルトスワローズ（現・東京ヤクルトスワローズ）から1位指名された長嶋一茂の契約金は8000万円だった。グリフィー

の父は、シンシナティ・レッズなどで活躍したケン・グリフィー、長嶋一茂の父は長嶋茂雄である。グリフィー Jr. は、その後、MLB 史上に残る選手に成長し、後に MLB の殿堂入りを果たしている。

　それも今は昔で、MLB の契約金は、その売上高の増加を背景として大きく上昇している。ただし、下位指名の選手に大金が支払われることはなく、21 巡目以降の選手ともなると 1000 ドルが相場である。実際、下位指名の選手は、入団しないケースも多い。

　指名を受けながら入団しない数は、毎年 300 名前後というのが通例で、2014 年ドラフトでは、指名 1215 名のうち 314 名が契約をしなかった。指名を受けながら入団しない選手の割合は、2000 年〜 2014 年までの 15 年間のドラフトにおいて、全体では 14％だが、下位 20 巡（2000 年〜 2011 年までは、50 巡目まで指名。2012 年以降は 40 巡目まで）の指名選手に限ると 31％となる。[注55]

　指名を受けながら契約にいたらない理由は、大学に進学する（高校生の場合）、大学に留まる（大学 3 年の場合）ことで評価を上げるためというのが通例である。実際、2000 年以降 2014 年にいたるまでの間に、指名を受けながら契約しなかった選手の 91％が、翌年以降に、再びドラフト指名を受けている。[注56]

外国人選手

　⑴、⑵に該当しない外国人選手は、ドラフト対象外の選手、つまり自由契約選手として、MLB 球団と契約をする。MLB は、NPB のような外国人枠がないこともあり、その数も、これまた多い。MLB 機構は、2018 年の開幕時における出場選手登録選手[注57] 877 名のうち 254 名、率にして 29％が外国生まれの選手であることを発表した。出身国の内訳は、ドミニカ共和国の 84 名を筆頭に、以下、ベネズエラ 74 名、プエルトリコ 19 名、キューバ 17 名、メキシコ 11 名、そして日本 8 名と続いている。[注58]

　この 29％という率は、2007 年と並んで過去 3 番目に大きな数字であり、最大は 2017 年の 29.8％、次点は 2005 年の 29.2％ということだから、要する

に、21世紀に入ってからずっと続いている傾向である。

　これがマイナーリーグとなると、その数はもっと増える。MLB幹部から半分近くだろうと聞いてきたが、具体的な数字として、APが調査した2012年の開幕時の数字が残っており、それによれば、7278名中3382名が外国生まれの選手であり、率にすると46.5％となる[注59]。

　ここでも圧倒的に多いのがドミニカ共和国出身の選手であるが[注60]、その理由は、全30球団がドミニカに育成組織（野球アカデミー）を所有しており、そこでは、才能を認められたドミニカの少年が、明日のメジャーリーガーを目指して日々鍛練している。貧しく教育などの社会インフラが乏しいドミニカにおいて、裕福な家庭の出身でない少年にとって、野球選手としてアメリカで就業することは、立身出世とほぼ同義である。

◉新人選手獲得の日米比較
　ここで、日本（NBP）における新人採用の制度との主な相違点をまとめておくと、以下のようになる。

- 日本では、過去にNPB球団と選手契約を交わしていない限り、日本国籍をもつものは例外なくドラフト対象となる。MLB球団と選手契約を交わした選手であっても、ドラフト対象となることについては、第3章で記した通りである。

  MLBの場合は、ドラフト対象の高校生が、ドラフト指名をされず、また大学にも行かない場合は、自由契約選手となる。また、ドラフト対象の大学生がドラフト指名を受けることのないまま退部、あるいは卒業した場合、これも自由契約選手となる。

- 日本では、義務教育の修了となる中学卒業者が対象となる。MLBは高校卒業資格（高卒認定試験における認定を含む）を得るまでドラフト対象とはならない。

- 日本のドラフト会議では、高校生、大学生ともに、野球部を退部（学生野球連盟の登録者から外れる）した場合、当該年度（4月1日〜3月31

日）にNPB球団のドラフト対象とはならない。つまり、NPB球団と契約をすることができない。MLBでは、高校生は、高卒認定試験にパスすればドラフト対象。大学生は退部（退学）すれば、その直後のドラフトで指名対象となる。どちらのケースも、ドラフト対象でいながら指名を受けなければ、自由契約選手となる。

つまり、MLBのドラフトでは、指名を受けなかった選手がMLB入りを望む場合、豊富な選択肢があり、日本に比べて人材の流動性が高い。

こうして、ドラフトかもしくは自由契約選手かの2つのルートで入団してきた新人は、そのほとんどがマイナーリーグでプロ野球選手としてのキャリアをスタートする。ドラフトで指名された選手は、マイナー契約しか認められておらず、例外なくマイナーリーグでのキャリアスタートとなる。6月上旬に実施されるドラフトで指名を受けた選手が契約する最終期限は7月15日であり、シーズンの真最中にメジャー契約している40人と入れ替わるのは現実的ではないということでもある。

一方、ドラフト対象でない、つまり海外からフリーエージェントとして入団してきた選手については、大谷翔平やキューバのナショナルチームの主力選手など、外国のトップリーグでは既に一流の実績を誇るベテラン選手も一部含まれているため、いきなりメジャー契約というケースもあるが、初めてMLB球団と契約する外国人の圧倒的大多数は、中南米の選手である。先にドミニカには全30球団が現地に育成組織を保有していると記したが、他の中南米諸国においても、MLB球団の育成組織が存在するか、少なくともリーグ戦が展開されており、そこで才能を発揮した選手が、MLB球団とマイナー契約を交わして、傘下のマイナーリーグ球団に配置されることになる。

4　7階層の巨大ファーム組織の実態

アメリカのファーム組織には、毎年、ドラフトでの指名を経て契約する選

手1000人前後と、ドラフトを経ないで契約する外国出身の新人選手が新たに加わる。先にマイナーリーグにおける外国人選手の構成率は2012年の記録で46.5%であることを記した。これをもとに、毎年、新たにマイナーリーグに配属される外国人選手の人数を推定すると、1000人×46.5%÷53.5%≒870人となる。ドラフト指名を経て契約する新人選手1000人と合わせると1870名である。これだけの人数の新人選手を毎年迎え入れるファーム組織は、どのようなものだろうか。

図5-1 マイナーリーグの階層と、それぞれの登録選手枠上限

出所：日経ビジネスオンライン、鈴木友也の「米国スポーツビジネス最前線」より[注61]

【図5-1】のように、MLBのファーム組織であるマイナーリーグは、下から順に、ルーキー（Rk）、ルーキー・アドバンスト（Rk+）、ショートシーズンA（A-）、シングルA（A）、アドバンストA（A+）、ダブルA（AA）、トリプルA（AAA）という7階層で構造され、メジャーリーグ（MLB）が最上位に位置している。

第 5 章　アメリカのマイナーリーグ (MiLB) は、なぜ発展できたのか

●契約選手枠と上限数

　その登録選手枠の上限を足し合わせると 250 名になるが、契約選手数の枠が定められているのは、頂点に位置するメジャーリーグだけである。

　トップリーグである MLB の試合に出場できる資格をもつ選手は、メジャーリーグ契約を結んでいる選手であり、各球団 40 名までしか保有できず、俗に 40 人枠と呼ばれる。例外として、故障者を故障者リストとして枠外にはみ出したかたちで保有することはできるが、故障者を 40 人枠に戻す場合は、40 名のなかから誰かを外さなければならない。メジャーリーグ契約を結んだ選手は、労働組合である MLB 選手会（MLBPA）の組合員となるため、その契約内容は、MLB と MLBPA との労使協定（Collective Bargaining Agreement、CBA）[注62] によって夢のような待遇が保証される。たとえば最低年俸は 54 万 5000 ドル（2018 年）、医療保険は全額補償、年金受給資格を得るほか、一定の年数を超えた選手は、本人の同意なしにマイナーに降格できないなどの特権を手にすることも可能である。

　この 40 人枠＋故障者を除くすべての選手と球団はマイナー契約を結ぶことになる。マイナー契約は、メジャー契約を結んだ経験のある選手については、CBA において、最低 4 万 4500 ドル（2018 年）と定められているものの、過去にメジャー契約を結んだことのない選手については、CBA は関知しない。MLB が定めている最低保証は、2018 年の数字で、ルーキーと A が月給 1100 ドル、AA が 1500 ドル、AAA が 2150 ドルで、試合がある日（遠征時はその期間中）は、ミールマネーが一日 25 ドル支給される。ちなみに、MLB が公表している平均月給は、ルーキーが 1300 ドル、A が 1600 ドル、AA が 3000 ドル、AAA が 1 万ドルである。月給・ミールマネーとも、支払われるのはシーズン中（最大 6 カ月）のみであり、オフシーズンは発生しない。

　マイナーリーグには 7 階層合わせて 231 チームが存在するが[注63]、最下部の Rk、Rk+ の多くは、純粋な育成組織として興行を行っておらず、興行を行

111

っているのは Rk+、A− 以上の 6 階層で、合わせて 14 リーグ、160 球団である。この 160 球団体制は、1999 年以降、変わっていない。AAA（2 リーグ）と AA（3 リーグ）、A+（3 リーグ）、A（2 リーグ）は、それぞれ 30 球団が所属している。つまり、各 MLB 球団につき 1 チームである。その下の A−（2 リーグ）になると 22 球団となり、つまり 8 球団はこのクラスを保有していない。Rk+（2 リーグ）は 18 球団である。そして総計 160 という構成である。

　試合数は、AAA、AA、A+、A が 140 〜 142（フルシーズン）、その下の A− と Rk+ は 68 〜 76（ショートシーズン）である。雨天の際は、遠征のスケジュールを踏まえ、ダブルヘッダーで補うこともあれば、キャンセルする場合もあるので、予定通りの試合数が消化されるわけではない。フルシーズンのリーグは 4 月上旬にほぼ MLB と同じタイミングでスタートする。ショートシーズンのリーグは 6 月半ばにスタートする。シーズン終了は 8 月一杯までで、その後、9 月中旬まで、成績上位球団によるプレーオフが行われる。

◉レベル別ピラミッド組織ができるまで

　アメリカで都市労働者の娯楽として生まれた野球は、アメリカ各地に普及し、1869 年には、初のプロチームであるシンシナティ・レッドストッキングス（現在の MLB 球団のレッズ）が結成され、地方各都市を巡業して成功を収めた。その結果として、プロチームが各都市に次々と誕生し、さまざまなリーグが興亡を繰り広げるなかで、1901 年、有力リーグのひとつであるアメリカン・リーグが自らを「メジャーリーグ」と宣言し、同時に、数多く存在するリーグの幾つかを「マイナーリーグ」として総括する新しいナショナル・アソシエーションが設立された。このナショナル・アソシエーションは、正式には National Association of Professional Baseball Leagues（NAPBL）であり、実は、マイナーリーグベースボール（愛称は MiLB）の正式名称でもあり、今日まで続いている団体である。

　このときは、アメリカン・リーグを中心としたレジームへの参加を拒んだ

ナショナル・リーグだが、1903年には、アメリカン・リーグおよびナショナル・アソシエーションと協定を結び、現在にいたるメジャーリーグの原型が出来上がった。

もっとも石原（2013）[注64]によれば、当時のメジャーリーグとマイナーリーグとの関係は実質的には資金力の違いであり、マイナーリーグから選手の保有権を買い取るしくみはあったものの、MLB球団と選手契約を結んだマイナーリーグ球団が親球団の選手を受け入れるという、ピラミッド型の支配−従属関係はなかった。

各MLB球団が、マイナー球団を、レベル別にピラミッド型のファーム組織とし始めたのは、1920年代、セントルイス・カージナルスだった。他球団も同球団のやりかたを模倣するなかで、徐々に現在のピラミッド構造が出来上がっていったのだ。

●独立採算経営を行うマイナーリーグのスキーム

こうして現在の構造になったマイナーリーグの根幹をなしているのが、MLBとMiLBの間で結んでいるプロ野球協定（Professional Baseball Agreement、PBA）という名前の連携協定である。

PBAは、それぞれの球団のテリトリーから、スタジアムなどの施設の要件、MLB球団への上納金など、あらゆる権利が規定されているが、そのPBAの根幹をなすのが、選手育成契約（Player Development Contract、PDC）である。PDCのもと、MLB球団は、傘下マイナー球団の選手・指導者・トレーナーなどのチーム・スタッフの人件費と福利厚生、ボールやバットなどの用具、備品の費用を負担する。一方、マイナー球団は、メジャー球団から預かった選手を"元手"に独立採算で興行に伴う経費（球団フロントの人件費、球場の運営費、遠征費等）を捻出する。このスキームのもと、160のマイナー球団が、独立採算の経営を行っている。

PDCは2〜4年契約が標準的で、契約更新の際にMLB球団が代わることもある。筆者が現地におけるヒアリングと視察に訪問したところでいえば、現在、シカゴ・カブス傘下Aのサウスベンド・カブスは、2014年まで

はアリゾナ・ダイヤモンドバックスの傘下球団だった。MLB球団の本拠地へのアクセスなど、その時々の事情で変化するのだが、定期的にPDCの契約更新の機会を設けることで競争原理が働き、緊張感のある球団経営が担保されているという側面もある。

5 マイナーリーグ・ビジネスの成功の秘訣

PDCにおいて定められた資産を元手に、自主興行をするマイナーリーグ・ビジネスにおいて、もうひとつ根幹をなすのが、フランチャイズ権である。

MLBをはじめ、アメリカのプロスポーツリーグでは、各チームには、営業独占地域（フランチャイズ。NPBでは保護地域、MLBではoperating territoriesと表現されている）が権利として与えられる。顧客であるファンの奪い合いを避けるためである。MLBの場合は、フランチャイズの適正規模を、中心部の人口50万～60万人以上、圏内200万人以上としたうえで、以下のように定められている。[注65]

・独占的営業権には、放送権（ラジオ、テレビ）も含まれる
・大都市に限り2球団を認める。2球団所在する都市では、ホームゲームは重複しない

そのうえで、各球団のフランチャイズが明示されている。たとえば、ニューヨーク・ヤンキースの場合でいえば、ニューヨーク市とニューヨーク州の4つの行政区（Nassau, Suffolk, Rockland, Westchester）、ニュージャージー州の4つの行政区（Bergen, Hudson, Essex, Union）、コネティカットの行政区Fairfieldの州間高速道路84の南とルート58の西と定めたうえで、ニューヨーク・メッツ球団と共有する旨が記されている。こうして定められたテリトリーとその境界線から15マイルが、各球団の権利として保護されているのだ。

MiLBに加盟している160球団には、同様のフランチャイズ権が認められ

ている。ただし、常に MLB 球団の権利が優先されることになっており、た
とえば、MLB 球団が、既存の MiLB 球団の本拠地から 15 マイル以内に移転
をする場合は、MiLB 球団からテリトリー権を買い取って移転をしてもらう
か、補償金を支払って留まってもらうかのどちらかを選ばなければいけない。

　この MiLB の市場規模は、2017 年の観客動員数が 160 球団総計で 3778 万
9759 人だった。1 試合平均にすると 4024 人、1 球団平均にすると 23 万 6186
人となる。
　この数字は、前年の 2016 年（3734 万 5155 人）と比べると微増、2015 年
（3869 万 622 人）と比べると微減となるが、おおむね安定している。
　また現行の 160 球団体制になった 1999 年（3230 万 4182 人）と比較すると
17％の増加であり、同期間の MLB の観客動員が 2.8％増であることを踏ま
えれば、大きく成長していると言っていいだろう。
　MiLB 市場が成長している理由のひとつと考えられているのが、MLB の
チケットや飲食の高騰により、庶民にとっては高嶺の花となっていることが
挙げられる。Team Marketing Report 社が、家族 4 人で観戦したとしてい
くらかかるかを計算して、1991 年以来、毎年公表している Fan Cost
Index® という有名な指標がある。内訳は、一般席のチケット 4 枚に、ホッ
トドッグ 4 つ、飲み物（ビール 2 杯、ソフトドリンク 4 杯）に、帽子を 2 つ、
駐車 1 台という、おそらくそれではなかなか済まないだろうという保守的な
数字だが、MLB のそれは 1999 年に 122 ドルだったのが、2017 年は 225 ド
ルと倍近くに上昇している。ビールをもう 1 杯飲めばプラス 1000 円以上だ
し、これは、庶民の日常的な娯楽とは言えない。
　MiLB のそれは 2017 年で 72 ドル。つまり、1 人あたり 2000 円程度で、3
時間弱の間、飲食を含めて楽しむことができる、廉価で健全な娯楽というこ
とである。

●マイナーリーグの売上
　1 試合平均観客動員は MiLB 発表（2017 年シーズン）によれば 4024 人、一

球団平均が23万人を超えるMiLBだが、MiLB球団は160あり、上下の幅は大きい。頂点に君臨するのが平均9159人、トータルで64万人以上を動員する（2017年）インディアナポリス・インディアンズ（AAA）で、最下位は、平均517人、トータルで3万518人のバイーズクリーク・アストロズ（A+）と、千差万別ではある。

　観客動員数の上位20球団のうち19がAAAの球団である。AAAの球団は、現在、収容人数1万人以上のスタジアムを本拠地とすることが基準とされており、MLBのない大都市を本拠地とするのが通例である。1位のインディアナポリス、2位のシャーロッテ、3位のコロンバス、4位のナッシュビルはいずれも州都である。

　2017年の平均観客動員数は、AAAの6792人で、以下、AAは4450人、A（フルシーズン）が2957人である。

　売上が最も多い球団は、フォーブス誌の調査によれば、AAAのサクラメント・リバーキャッツである。カリフォルニア州の州都でもあるサクラメントは、市域人口46万人、都市圏人口は209万人という全米27位の大市場であり、4大プロスポーツのひとつであるNBAのチームが本拠を構えている。またフォーブス誌の推定によれば、2015年のリバーキャッツの年商は2000万ドル、営業利益は560万ドルである。さらにフォーブス誌によれば、2015年におけるMiLB球団の売上の上位30球団の平均は1291万ドル、営業利益はその17%、220万ドルで、その内訳は、AAA球団21、AA球団7、A球団2であった。

　次に、MiLBの平均的な姿を推定してみる。

　まず、前出のFan Cost Index®をもとにするとMiLBの各階層の平均客単価は、AAAが20ドル、AAは18ドル、A+とAも18ドル、A-とRk+が16ドルである。この平均客単価に、平均観客動員と主催試合数を掛け合わせたものが、【表5-1】である。

第5章　アメリカのマイナーリーグ（MiLB）は、なぜ発展できたのか

表5-1　MiLBの球場収入（チケット、飲食、物販、駐車場）の推定値　(通貨の単位は1ドル)

	①平均観客動員数	②平均客単価	③主催試合数	①×②×③
AAA	6,792	$20	68	$9,360,666
AA	4,450	$18	66	$5,274,118
A+, A	2,957	$18	66	$3,492,912
A−, Rk+	2,438	$16	36	$1,420,745

注1：平均観客動員数および主催試合数は MiLB のウェブサイトなどをもとに筆者作成
注2：平均客単価は、Team Marketing Report 社による Fan Cost Index®

　この球場収入に、スポンサー収入（ネーミングライツを含む）とマーチャンダイジング収入を加えたものを球団の推定売上とする。

　スポンサーシップについては、インディアナポリス・インディアンズのスポンサー収入が330万ドル（2015年）であったことが公表されている[注68]。また、ハートフォード・ヤードゴーツ（AA）が、2016年にフランチャイズ移転をする際に、ハートフォード市が実施したフィージビリティ・スタディ[注69]によれば、スポンサー売上の予測を95万6682ドルとしているが、これを除くとMiLBのスポンサーに関する情報は少ない。その理由は、NPB球団でも同様なのだが、スポンサーとの契約においてはNDA（秘密保持契約）を結んでおり、スポンサーの内容が外部に漏れた場合に契約を失うリスクを伴うことが大きい。

　これまでの現地調査や文献調査を通して、おおまかに見えているのが、マーケットサイズ（人口）や営業力にもよるものの、AAA球団でうまくやっているところで400万ドルを超える球団もあり、下は100万ドル前後、AAになると100万ドル売れたら上出来、A+やAであれば50万ドル程度、その下のA−になると20万〜30万ドル程度といったところである。付記しておくと、スポンサーシップに含まれるものとして、ネーミングライツがある。これについては、Team Services社[注70]による報告書において、160球団中51球団の本拠地球場で契約が成立しており、その平均額は、年額にして23万ドル（2013年）であることが記されている[注71]。

　近年、大きく売上を伸ばしているのが、マーチャンダイジングである。各

117

球団が、工夫を凝らしたロゴとデザインで商品開発に注力してきた結果、2017年はMiLB全体で7000万ドルを超える売上となっており、【表5-2】に示しているように、階級別の数字も明らかになっている[注72]。

上記を表にまとめると以下のようになる。簡便のために、AAAのスポンサーシップについては200万ドル、AAについては100万ドル、A+とAについては50万ドル、A-とRk+については、25万ドルと推定した。

表5-2　平均的なMiLB球団の推定売上

(通貨単位は1ドル)

	球場収入	MD(シーズン計)	スポンサーシップ	推定売上高
AAA	$9,360,666	$720,757	$2,000,000	$12,081,423
AA	$5,274,118	$427,069	$1,000,000	$6,701,186
A+, A	$3,492,912	$516,624	$500,000	$4,509,536
A-, Rk+	$1,420,745	$180,885	$250,000	$1,851,630

【表5-2】が示している数値は、AAAで1200万ドル、AAで670万ドル、A+とAが451万ドル、A-とRk+が185万ドルである。

第4章で記したように、日本の独立リーグ球団の平均売上高（2017年）は一球団平均で1億1000万円で、A-、Rk+を大きく下回る。日本の独立リーグにおける最高売上額の1億8900万円（BCリーグの球団）でやっと、A-とRk+の推定平均売上高と肩を並べるということになる。日本の独立リーグの主催試合数はBCリーグが35〜36であり、A-とRk+の主催試合数は34〜38である。もっとも、BCリーグの観客動員は1試合平均606、最も多い球団で1046であり、A-とRk+の平均観客動員が2438であることを考えれば、BCリーグはかなり頑張って売上を稼いでいると言える。その理由が、地元企業と地方公共団体を中心としたスポンサーマネーであることは先の章で述べた通りである。

●マイナーリーグを支える地方自治体の支援
前出のフォーブス誌によれば、2000年〜2015年までの間に、MiLBでは

60を超える球団が新球場を開設している。その背景として、観客を楽しませる工夫を凝らした新球場によって、観客動員と売上を劇的に向上させる例が相次いでいることがある。新球場についての詳細な考察は、第7章でつまびらかにするが、ここではひとつ、MiLBにおいて、歴史的なターンアラウンドの事例となったシャーロット・ナイツ（AAA）について簡単に述べておきたい。ナイツは、1990年に開場したナイツ・スタジアムを本拠地としていた。ナイツ・スタジアムは、シャーロットの中心街から離れていて（23kmほど南）、それも州をまたいでのサウス・キャロライナに位置していることなどから観客動員に苦しみ、新球場への移転の前年となる2013年も平均観客動員数は3800人で、所属しているリーグで最下位だった。

　筆者が同球場の現地視察に訪れた2003年8月1日も、ナイトゲームの集客に最適といわれる金曜日、しかもその日は、試合終了後にロックコンサートを開催するなどの工夫を凝らしたにもかかわらず、1万人収容のスタジアムは閑散としていた。試合前に、インタビューに応じたビル・ブラックウェルGM兼副社長も「いろいろとやっているがダメだね。シャーロットから激しい渋滞のなかを殺風景な工場街にある老朽化したスタジアムにヒトを呼ぶのは難しい」と頭を抱えていた。

　その頃、既にMLBをはじめとした4大プロスポーツでは潮流となっている自治体負担（税金投入）による新球場の可能性については、シャーロット市や周辺自治体と何度も話をしているが、政治的な背景もあり、頓挫している旨を話していた。政治的な背景とは、その当時、MLBが、シャーロットに移転もしくは新規でメジャー球団が誕生する可能性が取り沙汰されており、もしもシャーロット市あるいはノースキャロライナ州がAAA球団のために1万人規模のスタジアムを新設してしまうと、MLB球団誘致は不可能になることが、議会でたびたび指摘されていた[注73]。

　その後、MLB球団を誘致する可能性も遠のくなかで、2005年、ナイツの陳情が実を結び、ナイツのために公金を導入しての新球場が建設されることが決まった。

　用地の取得などに手間取り、ようやく2014年に開設となったBB&Tボー

ルパークのリースの概要は以下の通りである。[注74]

- メクレンバーグ行政区（シャーロッテ市を含む行政区）が土地を取得したうえで、その土地を年間1ドルで、ナイツ球団にリースする。リース期間は49年で、双方が合意した場合、25年間、同じリース契約を継続する。
- 球場建設費用（5500万ドル）はナイツ球団が負い、球場所有者は球団とする。
- メクレンバーグ行政区とシャーロッテ市は、ナイツ球団の財政支援をする。期間は20年にわたり、その総計額は1525万ドルとする。
- ナイツ球団は、土地とスタジアムの固定資産税を支払う。

ダウンタウンの摩天楼を臨む1万200人収容の新球場の効果は絶大で、初年度、前年のリーグ最下位の観客動員数から、一気にMiLB 160球団中トップの66万7593人（1試合あたり9675人）へと駆け上がった。

売上についても、フォーブス誌の試算によれば、新装開場して2年目となる2015年のそれが1700万ドルで、営業利益は500万ドルと、MiLB 160球団中2位になるなど大躍進を遂げた。[注75] 2003年に旧球場で、ブラックウェルGM兼副社長が、「売上は300万ドル前後でAAAでは最低レベル。収支トントンにもっていくために、ヒトを雇うこともできず、わたしもスタッフも働き詰めでやってられないと思う」とぼやいていたのを思い出しながら、22のスイートルームと975のプレミアム・シートにより、客単価を上げる工夫も満載のBB&Tボールパークを視察し

写真5-1　シャーロッテ・ナイツの新球場、BB&Tボールパーク[注76]

第5章　アメリカのマイナーリーグ(MiLB)は、なぜ発展できたのか

写真5-2　シャーロッテ・ナイツの新球場、BB&Tボールパーク[注77]

たのが2015年8月。【写真5-1】【写真5-2】の通り、そこは2003年当時とはまったく別世界のわくわく感溢れる感動空間だった。ちなみにブラックウェルGM兼副社長は、2005年シーズンをもって退任している。

6　日本のプロ野球(NPB)と メジャーリーグ(MLB)の比較

●圧倒的に多いMLBの選手の数

　NPBのファーム組織とMLBのそれは、あらゆる面において大きな相違が見られるが、まずは、その規模の違いから比較しておく。
　上記の通り、MLBでは、メジャー契約40名を含む300名前後の選手が各球団にひしめき、これらの選手を7階層のファーム組織に振り分けている。これに加えて、中南米にアカデミーを保有し、選手の発掘および育成を図っている。ドミニカ共和国に全球団が保有しているのは先に記した通りである。
　一方、NPBはというと、2018年シーズン開始時点における最大値は、福岡ソフトバンクホークスの94名で、最小の北海道日本ハムファイターズと

なると68名である。ファーム組織は、伝統的に各球団ひとつであるが、第3章で記した通り、2011年にソフトバンクが、球界で初めて三軍制を導入し、支配下登録選手枠の70名を超える選手を保有することで、人材の発掘と育成において効果を上げていることから、他球団もそれに倣う傾向が見られる。それでも、MLBの7階層に比べれば、はるかに少ない。

●NPBのドラフト指名枠は、MLBの10分の1

　この相違を生んでいるのが、NPBとMLBの人材供給の量の違いである。どちらも、国内の選手についてはドラフト指名、それ以外の選手はフリーエージェントとして獲得することについては、対象範囲において細かな差異はあるものの、おおまかに同じである。

　違いはその獲得人数で、まずドラフト制度を見ると、NPBの指名人数は、直近である2017年のドラフトにおいて、育成ドラフトも含めて114名だった。一方、MLBの直近の数字（2018年）を見ると、その指名人数は1214名だった。

　NPBは近年、指名を受けての入団拒否が極めて稀であり、2017年の指名選手も全員が入団している。一方、MLBは、指名を受けながら入団しない数が例年300人前後というのが通例で、筆者が入手できた最新の数字は、2014年ドラフトで、指名1215名のうち314名が契約をしなかった。それでも900名を超える選手が入団しているのだから、NPBとはまったく次元の違う人数である。

　違いを生んでいる背景として、日本が育成ドラフトも含めて総枠120名であるのに対して、MLBは40巡目（プラス張り出し枠）までの指名が可能なことである。

　NPBの指名枠が120名になった経緯が、アマチュア球界からの申し入れを受けてのことであることは第3章で述べた通りである。もっとも、120名の枠がなかった1965年〜1968年においても指名人数は1967年の143名が最高人数であり、MLBのように新人選手を大量に採用するという風習は、当初からなかったのである。

もうひとつの獲得手段である外国人選手についても、NPBの場合は外国人枠があるが、MLBにはない。NPBの外国人枠は、ドラフト制度前に導入されて以降、初めてのシーズンとなる1966年に2名とされ、その後拡充されてはいるものの、現在も出場選手登録は4名までとなっており、MLBのようにファーム組織の40％以上を外国人選手が占めるような構成にはなり得ない。

●北米マイナーリーグの役割を担ってきた日本の社会人野球

人口や国土面積の違いはあるにしても、なぜ、これだけ大きな規模の違いが生じているのだろうか。

野球は、元々、競技に参加する人数が9名と多く、交替した選手はその試合中フィールドに戻ることはできない。更にプロのリーグ戦は、試合が毎日のように行われるため、プレーの質を保つためには、摩耗の激しい投手を中心に多くの選手を揃えておく必要がある。MLBにおいて、ファーム組織を充実させるのは合理的な結論だったと言える。しかし、日本ではそうはなっていない。

野球の発祥地はアメリカであり、日本の野球は、ほとんどにおいてそれに倣ってきた。競技規則は、アメリカの野球規則を翻訳したものを原典としており、また、ビデオ判定や申告敬遠など、アメリカにおいて導入された新機軸は、その後、日本も倣うのが通例である。プロ興行についても、NPBの憲章である野球協約も、MLB憲章を引き写して作成したものである。[注78]

しかし、このファーム組織の充実について、アメリカのしくみに追随することがなかったのは、日本がアマチュアを中心とした発展形態を採ったことと、そのアマチュア野球の最高峰でもある企業チームの存在にその理由を求めることができるだろう。

これについては、第3章に詳述した通りだが、企業チームの野球部員は、給与をもらい、野球の練習および試合参加が仕事の一部として見なされ、野球部を引退したあとは、会社に残り、社員として頑張る道を選べるのが通常

123

である。こうした恵まれた野球環境を提供してきたのが企業チームで、最盛期の1963年には237あった。その後は、産業構造の転換や、バブルの崩壊、雇用形態の変容に伴い、1978年には179、1993年には148、2008年には84と大きく減少が続いてきたものの、学生野球出身者にとっては、その後の身分の安定を図りつつ、もしもNPB球団から高く評価されるようなことがあれば、そこで改めてプロ入りを考えることができるわけで、とても魅力的な場所である。

社会人野球におけるベンチ入り人数は、そのメジャーな大会である都市対抗や日本選手権も含め25人が通常で、企業チームともなれば、少なくともその人数以上は在籍している。つまり、1993年であれば、148チーム×25名＝3700名が、野球を軸にした社会人生活を過ごすことができた。2017年においても、企業チーム数87に25をかけると2175名である。MLBのマイナー組織に、ドミニカ共和国など中南米諸国のアカデミーを除く本国だけで7000名以上もの選手を保有しているのに比べれば、この人数は多くないが、人口規模が、アメリカは日本の3倍近いことや、先に記した通り、MLBの労働供給市場が世界であるのに対して、日本は外国人枠が存在するために、原則的に労働市場が日本国内であることを考えれば、トップリーグの予備軍の供給プールとしては十分な大きさと言っていいだろう。

裏を返せば、企業チームが今後、更に激減するような状況にでもならない限り、NPBがMLBのようにドラフト指名枠を大きく拡げる必要はないということでもある。企業チームの数は、2010年と11年の83をボトムとして、それ以降は、88（2012年）、87（2013年）、87（2014年）、86（2015年）、89（2016年）、87（2017年）と、ほぼ平行線で推移している。

企業チームは、その企業のコストで、選手への給与、設備を提供しているのであり、NPB球団がそこに踏み込み、たとえば下位指名の選手に、企業チームに優るような魅力を提示することができるかというと、その可能性は必ずしも高くないだろう。NPBの平均在籍年数は8.9年であり、契約金[注79]3000万円で入団し、仮にその間、推定年俸の中央値である1250万円で推移[注80]したとして、総獲得年俸は1億1125万円である。一方、社会人野球のチー

ムを保有しているような企業は、世間に名の通った、いわゆる大企業であり、そこで正社員として就職して、プレーできるということになれば、数年間、好きな野球に打ち込むことができる。もしもその間にプロから上位で指名されるような選手になれば、その時点でプロ入りを考えればいいし、そこまで実力が伸びなければ、定年まで継続して働くことができる。サラリーマンの生涯賃金は、60歳で退職するまで働き続けた場合に、高卒男性で2億5000万円、大卒男性で2億8000万円であり、[注81]大企業の生涯賃金はそれよりも1億円以上高いといわれている。

　一方、プロ入り後9年というと、高卒で27歳、大卒だと31歳である。その気になれば何でもできる年齢ではあるが、プロ野球選手のセカンドキャリアは、脚光を浴びたときとのギャップに苦しむという迷信が野球関係者の間では根強く、企業チームから正社員の待遇を用意されたときの安心感と、下位指名あるいは育成選手などの待遇でプロ野球選手になるのとどちらを選ぶかと言われれば、企業チームは選択肢として十分に魅力的なのである。

　NPB予備軍がプレーするマイナーとしての機能も有しながら、NPBにドラフト指名を受けて入団しない場合でも将来への不安がないという、選手にとっては、夢と安定の両方を実現できる、そんな魅力的な企業チームに、アメリカのマイナー組織に匹敵する人数が在籍しているのが日本の野球界である。すなわち、日本においては、社会人野球が、北米におけるマイナーリーグの役割を果たしてきたのであり、今もそうである。

●日本におけるファームを独立採算経営にする試み

　NPBにおいて、その歴史上、ファームを別法人にした例はない。

　NPBにファーム組織が誕生したのは、1936年に、東京巨人軍、大阪タイガース、名古屋軍、東京セネタース、阪急軍、大東京軍、名古屋金鯱軍の7球団で日本職業野球連盟が発足してから12年を経た1948年のことであった。

　アメリカにおいては、数多あるプロ球団のなかから、興行的な成功やオーナーの財力を背景に、メジャーな存在となった球団が、その他のプロ球団から人材を買う、あるいは自軍の選手を訓練のために派遣することから、垂直

的な関係を構築していった。これに対して日本の場合は、ベンチ入りの人数を超える選手を抱えるようになった球団が、その選手たちの訓練および準備のために球団内に作った部署で、当初からコストセンターの位置付けで、興行という概念はなかった。さらに言うならば、プロの興行として発展したアメリカに対して、日本の野球興行は、学生野球がその起源であり、学生野球出身者による社会人野球が続き、プロ野球は最後発である。

　こうした歴史的経緯もあいまって、ファーム組織が独立した法人となったことのないNPBではあるが、ファームを独立採算の事業体とする試みは過去に行われている。

　顕著な例が、横浜ベイスターズである。2000年シーズンから、同球団は、ファーム組織に一軍とは別の球団名「湘南シーレックス」を冠し、ユニフォームも独自のものとした。

　若手選手の競争意識の向上と地域密着による独立採算を視野に入れて、球団内に「シーレックス事業部」を新たに設置するなど、意欲的な取り組みではあったが、同事業部が年間2億円の赤字を計上するなどしたことから、事業体としての独立は難しいと結論付けられ、2005年以降は部を解散している。チーム名とユニフォームについても、2010年を最後に一軍と同じものに戻している。また、オリックスも横浜と同じく2000年に、将来的なファーム組織の独立採算化を目指し、チーム名称を穴吹工務店に3年間総額3億円で売り、同社が建設・販売しているマンションのブランド名である「サーパス」を冠してサーパス神戸と改めた。この取り組みもまた、穴吹工務店の業績不振に伴い、2009年シーズンに終焉を迎えており、以降は、一軍と同じユニフォームと呼称に戻している。

　現在、ファームの独立採算を試行しているのは福岡ソフトバンクホークスである。同球団は、2016年から、総工費60億円をかけて新設したファーム施設「HAWKSベースボールパーク筑後」のメイン球場「タマホームスタジアム筑後」（タマスタ筑後）を拠点にした興行を、新設の筑後事業推進室が所管して、MiLB球団と類似した独立採算の道を模索している。つまり、ファーム施設の運営経費を、タマスタ筑後における興行収入によって賄おうと

いう試みである。

収容人数3113席のタマスタ筑後の観客動員状況は、2016年が12万7144人（二軍戦11万6643人、三軍戦1万501人）で、55試合行われた二軍戦は13試合で満員御礼、平均2120人を動員した。2017年は更に増えて13万3460人（二軍戦11万8874人、三軍戦1万4586人）、58試合行われた二軍戦は平均2050人、26試合行われた三軍戦の平均動員数は561人だった。

売上は2017年度が約4億円で、内訳は年間予約席とスポンサーを合わせて2億円、入場料収入が8000万円、飲食が4500万円、グッズ販売が3000万円、駐車料が2000万円、その他（スタジアムツアー、ゲーム協賛、常設のカフェ）が2500万円であった。

運営経費は3億5000万円で5000万円の黒字である。ただし、筑後事業推進室の運営経費は、MiLB球団のそれとはだいぶ異なる。指導者、チーム・スタッフ、選手の給料の負担が発生しない点については、MiLB球団と同じだが、筑後事業推進室は、興行に伴う運営経費だけでなく、第2球場、屋内練習場、クラブハウス、選手寮の運営経費の半分を計上している。一方、MiLB球団が遠征費用を負担するのに対し、筑後事業推進室はそこには関知しない。もっとも、筑後事業推進室はあくまでホークス球団の部署のひとつであり、収支は管理会計上の費用の割付に過ぎない。しかしながら、人口4万8452人の小都市において、ファームのチームの試合で4億円の興行収入を得ることができるのは、日本においても、ファームの興行の可能性がないわけではないとは言えるだろう。更に言えば、ニックネームやロゴ、ユニフォームを一軍とは別のものを使用することで、グッズ収入の伸びも期待できる可能性はあろう。

7 日本で独立的なマイナーリーグが発展しなかった背景

本章では、日本における野球の独立リーグの継続の条件の示唆を求めて、比較対象として、アメリカのマイナーリーグ、そのなかでも、MLBと傘下

契約を結んでいる MiLB を比較検討した。アメリカの野球産業においては30 のトップ球団（MLB 球団）への人材の供給源としてマイナーリーグ（MiLB 球団）が存在している。

　MLB では毎年、ドラフト会議において 1200 名以上が指名され、うち1000 名程度が契約する。さらに、ドラフト対象でない海外から、フリーエージェントとして新人選手を約 870 名獲得している。こうして獲得した新人選手のほとんどは MiLB 球団に配置される。MiLB 球団は、新人選手を含めた 7000 名を超える選手が 7 階層にわたってひしめくファーム組織である。そのうち 160 球団が、MLB 球団が存在しない都市を拠点に、民間の独立した事業体として野球興行のビジネスを展開している。

　その MiLB の市場規模は、2017 年の観客動員数が 160 球団総計で 3778 万9759 人、1 試合平均にすると 4024 人と巨大である。なかでも、NPB における二軍に相当する最上位の AAA ともなると、1 試合あたりの平均観客動員が 6792 人、年間売上高の平均額は 1200 万ドルを超える大きな興行が展開されている。その要因のひとつが、MLB の観戦費用が高騰しているなか、AAA でも 1 人あたり 20 ドル程度で楽しめることがある。また、地方自治体の援助により、観客が足を運びたくなるような新球場が相次いで建設されていることも MiLB 人気の要因となっている。

　日本のプロ野球（NPB）には、アメリカにおける MiLB は存在しない。NPB と契約した選手を訓練・選別するためのファーム組織は、球団内の一部門であり、一部の球団で、興行化を目指す動きはあるが、独立した事業体として運営されているケースは今もない。

　その背景として、野球がプロ興行として発展したアメリカに対して、日本においてはアマチュア野球が発展の礎だったことが大きい。アメリカにおけるマイナー球団とは、乱立したプロ球団およびプロリーグの競争のなかで形成された。

　一方、日本におけるプロ野球の成立は、アマチュア野球が興行として人気を博したあとだった。MLB のように配下に大量に選手を保有するようにならなかったのも、アマチュア野球の存在が大きく、とりわけ社会人野球（日

本野球連盟）における企業チームの存在がある。企業チームは、最盛期の1963年には237を数え、1993年には148、現在においても80を超える企業がチームを保有している。企業チームの野球部員は、給与をもらい、野球の練習および試合参加が仕事の一部として見なされ、野球部を引退したあとは、会社に残り、社員として頑張る道を選べる。もしもNPB球団から高く評価されるようなことがあれば、そこであらためてプロ入りを考えることができる。企業チームは、NPBが学生選手を無尽蔵に獲得することを望まず、NPB球団からしても、MLBのような大量採用に伴う獲得費用および巨大なファーム組織を維持する運営費用を支払う必要がない。

column4

プロ野球にみる「空気」が支配する日本の労働市場

　日本人論の名著として名高い『「空気」の研究』（山本七平）は、1977年の作品ですが、日本人の行動を支配しているのは論理よりも空気であるという山本の分析は、40年近くを経た今なお、実に多くのケースにあてはまっていると感じます。

　一部の選手が、野球賭博に興じていた問題に対するプロ野球界の対処も、論理よりも空気だったように思います。

　論理とは、この場合、法的根拠ということになると思いますが、プロ野球選手は、個人事業主であり、球団とは業務委託の契約を結んでいるという関係です。球団は、管理責任者でもなければ保護者でもないのです。

　それにもかかわらず、巨人（読売ジャイアンツ）は、謝罪会見を開き、幹部は辞任。NPBは巨人に対して罰金を科しました。これは、仮に、選手が従業員だとしてもおかしなことです。会社員が法を犯した場合、それが上司や会社の指示に基づいて行われたようなケースを除き、責任は個人に帰すことになりますし、その犯罪行為により会社が損害を被った場合は、損害賠償を請求されることになるでしょう。

　もちろん、NPBも巨人も、こうした道理は十二分に承知していたはずです

が、取った行動はというと、謝罪と辞任。空気を読んで、空気に従ったのです。

　この、空気に従う慣習は、長い歴史を経て醸成された文化ですから、良し悪しを論じても仕方ないのですが、グローバル化は今後より一層進みますから、他の価値観・行動様式を知っておくことは重要です。

　お隣アメリカは真逆で、重要な判断になればなるほど、原理原則による傾向にあります。八百長に関しては、自チームの勝敗に賭ければ、それだけで永久追放。歴代安打記録保持者でMLB史上屈指の人気者、ピート・ローズといえども容赦なしですが、そのほかの犯罪に関しては、シャバにいられる限りにおいてOKです。

　たとえば、マット・ブッシュという選手がいます。2004年のMLBドラフトで、全体1位指名を受け、契約金315万ドルでパドレスに遊撃手として入団。しかし、その後は難多く、野球においては打撃が向上せず、3年後に投手に転向。私生活では、飲酒によるトラブルが絶えず、ついには2012年、飲酒運転でひき逃げ。相手は瀕死の重症。3年間のムショ暮らしを経て、ファミレスでバイトをしているところをレンジャーズの関係者が目撃。投げてみると、アップシューズにジャージ姿で時速150kmの剛球を連発。レンジャーズとマイナー契約をして、現在、カムバックに向けて奮闘中です。

（『夕刊フジ』連載コラム「小林至教授のスポーツ経営学講義」〈2016年5月6日〉に加筆修正）

第 **6** 章

アメリカの独立リーグの経営が
成り立つ背景

1 経営が比較的安定している3団体への調査

　本章の情報収集は、以下の方法を採った。日本の独立リーグの代表者への
インタビューや、インターネット調査、文献調査を経て、アメリカにおいて
比較的安定的に運営されており、また実地調査が可能な団体として、独立リ
ーグ3団体（アメリカン・アソシエーション、カナディアン・アメリカン・リ
ーグ、アトランティック・リーグ）を抽出した。後述するが、アメリカにおける
独立リーグおよび所属球団の経営は不安定であり、リーグや球団が結成され
ても、財政上の理由などで開幕までにいたらないなどのケースがある。

　上記3団体およびその所属球団を対象に、資料収集と代表者へのヒアリン
グを行い、経営状況について、現在にいたるまでに起きた特徴的な事例を抽
出する。それらの事例が生じた要因・背景を明らかにするために、直面した
障壁と、その障壁を乗り越えるために行った施策や、現在進行形で抱えてい
る諸問題、諸障壁について、提供いただける財務諸表や代表者へのより詳し
いヒアリングを行うことで、統計的、時系列的に分析した。さらに、フォロ
ーアップとして、定性調査とインターネット調査、文献調査を繰り返した。

　実地調査をした対象は以下の通りである（肩書はいずれも調査当時のもの）。

★American Association（AAIPB）と Can-Am League（CANAM）
- Miles Wolff コミッショナー（Wolff 氏は、両リーグのコミッショナー）
- CANAM 所属球団 Rockland Boulders の Shawn Reiley 共同オーナー
- CANAM 所属球団 Sussex Miners の Dave Chase ゼネラルマネージャ
  ー[注82]（GM）
- AAIPB 所属球団 St.Paul Saints の Tom Whaley 共同オーナー
- AAIPB 所属球団 Gary South Shore Rail Cats の Brian Lyter GM

★Atlantic League（ALPB）
- Rick White コミッショナー・Joe Clein 取締役

第6章　アメリカの独立リーグの経営が成り立つ背景

- Southern Maryland Blue Crabs の Patrick Day GM
- Camden River Sharks の Lindsay Rosenburg GM
- Lancaster Barnstormers の Bob Zuckerman 共同オーナー

★自治体
- Rockland County の Lucy Redzeposki 経済観光振興部部長
- Gary の Karen Freeman-Wilson 市長

　MLB における GM がチーム編成の責任者であるのに対して、独立リーグにおける GM は、MiLB の GM と同様、球団のビジネス面における責任者である。一方、MiLB のチーム編成を親球団である MLB 球団がすべて行うのに対して、独立リーグにおいては、チームの編成もすべて球団の仕事である。MLB の GM の役割は、独立リーグの場合は、監督の仕事となる。

2　リーグ・チームの勃興と消滅は日常茶飯事

　MLB と連携協定のない球団が、MLB と契約関係のない選手を構成して興行を行っているのが独立リーグである。
　主要な都市および都市圏は、30 の MLB 球団と 160 の MiLB が、それぞれに付与されたテリトリー権でカバーしているため、独立リーグ球団は、MLB と MiLB のテリトリー内に打って出るか、訳アリの小都市での運営となるのが通例である。前者の代表的な例として、ミネソタ・ツインズの商圏に本拠地球場（ツインズ本拠地のターゲット・フィールドから 17km、車で 20 分ほど！）を構えるセントポール・セインツや、ヤンキースとメッツの商圏内にチームを作ったロングアイランド・ダックスがある。後者の例としては、全米有数の凶悪都市としてその名を知られるインディアナ州ゲーリーに本拠地を構えるゲーリー・サウスショア・レールキャッツなどがある。
　また、MiLB と違い、監督・コーチ・選手の人件費も含めて、すべての経

費を負担する必要がある。こうした経営環境ゆえ、経営は不安定であり、リーグの勃興と消滅、チームの勃興と消滅はよくある話である。筆者が視察調査に訪れた球団のなかでも、カムデン・リバーシャークスが、2015 年シーズンをもって本拠地を移転して、ニューブリテン・ビーズとして再出発をした。理由は、最も美しい球場のひとつとして名高いキャンベル・スタジアムのリース契約で折り合わなかったからである。2015 年に視察調査をした際に協力してくれたカムデン球団の GM のリンゼイ・ローゼンバーグ氏は、とても残念だったが仕方がないとのことだった。当時、独立リーグ史上初の女性 GM だったローゼンバーグ氏は、現在は、地元水族館の営業の責任者を務めている。

　実際、MLB が、1961 年に 60 年続いた 16 球団体制から 18、20（1962年）、24（1969 年）と増加するに伴い、MLB 球団は、各地のマイナー球団と連携協定を結び、マイナー球団の選手を買い取ったり、また降格させるなどの選手の保有権の売買を通して、傘下に収めていった。選手売買の条件が折り合わないなどで、MLB 球団の傘下に入らない球団は、自然消滅していった。

　現在の独立リーグの勃興は、1993 年、2 リーグ、12 球団によってのことだった。勃興の背景は、1991 年に MLB と MiLB がテリトリー権を明確に定めたことによる。テリトリーが定まったことにより、以降、テリトリーが重なる MiLB 球団の創設あるいは移転が不可能になったのだ。特に MLB のテリトリーは、第 5 章で記したように、大都市を含む広大な範囲が割り当てられているが、傘下の MiLB 球団は、そのテリトリーに本拠地を置くことはできない。そこにビジネス・チャンスありとして誕生したセントポール・セインツ率いるノーザン・リーグが興行的に成功を収めたことにより、その輪が拡がり、リーグ、球団ともに、拡張と縮小、消滅と勃興を繰り返しながらも存続し、2017 年シーズンは、7 リーグ、57 チームが野球興行を行い、総計 622 万 288 人、1 試合平均にして 2472 人を動員した。

　興行力が最も高いと見なされているのが、アメリカにおいて初めて独立リーグ球団を興行的成功に導いたセントポール・セインツであり、その平均観

第6章 アメリカの独立リーグの経営が成り立つ背景

客動員数 8296 は、AAA の平均を上回り、実際、MiLB と独立リーグを含めた全マイナー球団中、7 位に入る。

表6-1 北米の独立リーグの概要

	リーグ数	球団数	総観客動員数	1試合平均最大観客動員球団	その1試合平均観客動員数
1993 年	2	12	734,067	セントポール	4799
1998 年	7	49	3,866,809	セントポール	6330
2003 年	8	63	6,558,149	ウィニペグ	7161
2008 年	8	61	8,312,669	ウィニペグ	6464
2013 年	7	53	6,708,293	ウィニペグ	5880
2017 年	7	57	6,220,288	セントポール	8296

出所：Baseball Attendance Reports より筆者作成 [注83]

図6-1 アメリカン・アソシエーション(AAIPB)構成球団の所在地

出所：AAIPB のウェブサイトより作成 [注84]

図6-2 カナディアン・アメリカン・リーグ（CANAM）の所在地

出所：CANAMのウェブサイトより作成[注85]

　試合運営の方式は、7リーグともリーグ戦形式で行われている。セントポール・セインツが所属しているAAIPBは、12チームを2つのディビジョンに分けて、各球団の予定試合数は100である。独立リーグのなかで、最も野球のレベルが高いといわれるALPBは、8チームを2つのディビジョンに分けて、140試合のリーグ戦を戦う。CANAMは6チームで100試合を戦う。いずれも、シーズンのスタートは4月末から5月とMLBの開幕よりもほぼ1カ月遅れのスタートとなる。その理由は、独立リーグと選手の契約が本格化するのは、MLBとMiLBの登録が一段落してから、つまり、MLBの開幕後だからである。そこからキャンプに入り、準備をして開幕という次第である。

　独立リーグでプレーする選手は、MLB球団と契約のない選手たちである。そのほとんどは、MLB球団とマイナー契約をしてもらえない選手であるが、なかにはMLBクラスの選手たちもいる。MLB傘下の球団でプレーすれば、そのチームでの昇格しかチャンスはないが、独立リーグであれば、故障などで穴があいたMLB球団とすぐに契約できるという流動性を求めて

そうするケースである。実際、最も野球のレベルが高いといわれる ALPB は毎年平均 50 名以上、延べ 900 名以上の選手が、MLB 球団との契約を成就し、うち 100 名を超える選手がメジャー契約にいたっている。[注86]

　ただし、そうした選手は数も少なく、また早々に MLB 球団との契約にいたるために、実際に試合を観ていると、そのプレーの質はあまり魅力あるものではない。実際、登録選手の多くは、マイナーリーグで結果を出せずに解雇された選手である。なかには、MLB 球団と契約したことのない選手もいる。

3　北米の独立リーグに在籍していた日本人選手

　独立リーグには元 NPB の選手も多数在籍してきた。石原（2015）によれば、1993 年から 2014 年までに 31 名の元 NPB 選手が独立リーグでプレーしている。2015 年に筆者が調査した際にも、ランカスターには、千葉ロッテのエースだった渡辺俊介とオリックスの内野手だった梶本勇介が在籍していた。渡辺は千葉ロッテを自由契約になった翌年、メジャーに挑戦したが、オープン戦で結果を残せなかったため契約にはいたらず、同球団と契約し、2年目のシーズンを迎えていた。千葉ロッテのエースとして、またワールド・ベースボール・クラシックの日本代表に 2 度も選出された日本を代表する投手が、底辺のリーグで野球をしている理由は、「体が動く限り野球を続けたかったし、好奇心もあって」というのが本人の弁だが、同時に「年齢も年齢です（当時 39 歳）から、バスの遠征もきついし、どっぷり漬かるべき場所でもないし、そろそろですね」と苦笑いをしていた。渡辺はそのシーズンを最後に帰国して、古巣の社会人野球チームでコーチ兼任選手としてプレーを続けている。実は、同年のシーズンには、もう 2 名の元 NPB 選手（柿原翔樹、深江真登）が在籍していたが、両者ともに、開幕ほどなくして、成績が振るわず契約解除となっている。選手の入れ替わりも激しいのである。

4 独立リーグビジネスのメリット

MLB もしくは MiLB と競合するか、あるいはそれらの球団がない小都市もしくは訳アリの都市に本拠地を構えるなど、市場環境に恵まれず、プレーの質も低く、また MiLB のように未来のメジャーリーガー候補の成長を見守る楽しみがあるわけでもない独立リーグが、なぜ存続できているのだろうか。

2015 年から 2017 年にかけて、3 つのリーグと球団を対象に実施した実地調査をもとに、その理由を探ってみたい。

マイルズ・ウルフ、リック・ホワイト両氏ともに指摘していたのが、独立リーグのビジネスは簡単ではなく、黒字球団は半分あるかどうかというところだという。ウルフ氏は、1993 年にノーザン・リーグを創設し、それ以来、今にいたるまで独立リーグ経営に携わってきた、近代独立リーグの父ともいえる存在である。現在も、上記 2 つのリーグのコミッショナーに加え、そのうちのひとつ CANAM の所属チーム、オタワ・チャンピオンズのオーナーでもある。そのウルフ氏によれば、人々を楽しませるための企画を出し続け、話題になりそうなことは何でもやり、手応えを掴んでも、天候不順ですべてがおじゃんになることもあるなど綱渡りなのが、独立リーグのビジネスである。そんな独立リーグが、1993 年の創設以来存続できているのは、ビジネスになり得るからというのがひとつ。もうひとつは、プロ野球球団のオーナーであることと、地域コミュニティの家族向けエンターテインメントを提供していることによる喜びとやりがいだという。赤字幅も、年間の運営費用がある程度見えている（一般的には 200 万ドル程度）ので、オーナーによっては、地元の行政や財界とのコネクションの構築につながることを考えれば、底なし沼に陥りかねない他のビジネス（たとえば金融や不動産）に比べれば、リスクは見えているし、安いものだと考える向きもあるという。いずれにしても、ビジネスとしての魅力が高いというよりも、プロ野球チームの

オーナーであることに喜びを感じる富裕層が独立リーグの存立基盤だということだ。

5 独立リーグビジネスを成功へ導く 破天荒のファンサービス

　そんな独立リーグビジネスを成功に導くうえで最も重要なのは、ファンは野球観戦をすることを目的に球場に来ているわけではないという前提に立つことだという。オーナーになると、どうしても勝敗や選手の質にこだわりがちだが、それは最もダメなことだと、実地調査に応じてくれたすべての関係者が口を揃えていた。

　来場者が求めているのは、2～3時間の間、家族や仲間と過ごす楽しいひとときであり、それをトム・ウェイリー氏は「雰囲気」という一言で表現していた。

　そのトム・ウェイリー氏が率いるセントポール・セインツは、独立リーグ屈指の集客力を誇り、売上は自他ともに認める圧倒的No.1なのだが、その雰囲気づくりは仰天ものである。

　ボールボーイは豚、レフトスタンドでは1000人規模の大宴会、コンコースでは散髪……。

　もちろんフィールドでは、真剣な試合が展開されている。

　お客さんが喜んでくれそうなことは何でもやるというセインツ、過去には、代打で試合に出場する権利も売ったことがあるという。オークション形式の販売で35歳の男性が落札し、結果はキャッチャーフライだったという。

　セインツのこうした破天荒なファンサービスは、球団の共同オーナーであるマイク・ベック氏の名前とともに、スポーツ興行の業界では、スポーツビジネスに革命を起こしたことで知られている。ベック氏は、その祖父がシカゴ・カブスの社長、父親ビルは、クリーブランド・インディアンズ、シカゴ・カブス、ミルウォーキー・ブリュワーズのオーナーを歴任した、野球ビジネス一族というバックグラウンドをもつ。特に、父のビルは、ユニフォー

ムの背中に選手名を入れたり、7回表の終了時に「私を球場に連れていって」を歌ったり、現代のMLBの興行に不可欠なことの多くを発案し、殿堂入りも果たしている。その息子であるマイクが、現在の筆頭オーナーであるゴールドクラング・グループとコメディアンのビル・マーレイ、前出のマイルズ・ウルフとともに1993年に創設したのが、このセインツである。

　筆者が視察した3日間は、いずれもソールドアウトで、スタジアムの最大収容人数（7210人）を超える8000人以上が来場していた。立見席を入れると1万人を少し超えるくらいまで収容は可能だという。この年（2017年）の平均観客動員は8438人だった。
　ウェイリー氏によれば、セインツの売上は、正確な数字は明かせないが、1000万ドルを超えているという。営業利益が売上の20％程度で、200万ドルは超えるかな？という表現をしていたので、推定売上高は1200万ドル程度と考えていいだろう。そしてその内訳は、チケットが30％で、飲食が35％、スポンサーが30％でマーチャンダイジングが5％。ただし、セールスのスタイルは、それぞれを別々に売るのではなく、複合技がほとんどだという。たとえば、最も力を入れているのは、大小のパーティールームでの飲食を含めた団体券である。歓送迎会、婚礼など、あらゆる宴会需要に応えることのできる態勢を整えており、顧客は地元企業を中心に、官公庁、学校から、同窓会、仲間内の誕生会、家族までと幅広い。

　売上が1000万ドルを超えるセインツは、独立リーグでは別格の存在であり、セインツ以外に売上1000万ドルを超える球団はない。そのほかの球団のビジネスはどのようになっているのだろうか。
　視察とインタビューを経て浮かび上がったのは、まず、来場目的が、野球の勝敗であるという前提に立っている球団はひとつもない。野球が行われているスタジアムの雰囲気を楽しみながらの家族団らん、仲間との談笑、飲食が来場者の目的であり、その満足度を高めて、換金するというビジネスである。どの球場も、観察をしていると、来場者は基本的に回遊し、大人はコン

コースのバースタンドでの会話や飲食に興じ、子供は走り回ったり、キャッチボールをしたり、アトラクションをしながら、いずれも思い思いの時間を過ごしている。

　大リーグの球場が、その開放感とネオンに彩られた広告看板と、プールやらミニ遊園地やら、さまざまな遊戯施設をもって非日常を演出している様子をテレビ画面でご覧になった方も多いだろう。マイナーや独立リーグのスタジアムも、スケールこそMLBのスタジアムのミニチュア版といった趣だが、同様に、さまざまな遊び道具が用意されている。

　子供用には、バッティングマシンやピッチングマシンなど野球関連のものはもちろん、ミニバスケット、パターゴルフ、ゲームセンター、プリントシール機など、各球団、工夫を凝らしている。

　大人向けには、居酒屋、バーベキュー場、ビアガーデンなどが定番である。また、さまざまな企業、団体の臨時ブースがそこかしこに並んでいる。婚礼相談、クレジットカードの加入募集、住宅ローンの相談所などが定番で、選挙運動が展開されていることもしばしばだ。ゲーリー・サウスショア・レールキャッツ球団を視察したときにも、候補者ののぼりを立てた派手なブースで、支持の署名と献金の募集を訴えている様子を見た。
「スタジアムで選挙運動をするのは、法律に触れたりなど、問題は生じないのですか？」
　と問うと、場所代を払えばいいんだよ、とのこと。何でもありだ。

　人々も勝手気ままな行動をしている。ピッチングマシンやバッティングマシンに興じる子供、ひたすら走る子供。大人はビアホールかパブで一杯やって大声で騒いでいるか、携帯で大声で話している。筆者としては、公共の場所で携帯を使う習慣がないものだから、気に障るが、郷に入れば郷に従うしかない。

　巨大なビーチボールを地面に落ちないようスタンド内で回していく遊びが展開されることもある。コントロールを失い、グラウンド内に落下しては試合が中断するため、多くの球場では禁止されているが、球場係員に取り上げられないようにボールを回していくのが楽しいようで、どこからかまたボー

ルが回ってくる。「マナー違反だ」と自分のところでやめて、係員にボールを引き渡そうものなら、大ブーイングである。

　そして、ひいきの選手が打席に立ったり、試合が白熱したりすれば、野球でも観ようかとなることもあるが、遊びっぱなしの子供、飲みっぱなしの大人も決して少なくない。要するに、スタジアムは遊技場であり、憩いの場であり、社交場なのである。ボールパークといわれる所以である。もちろん、野球に集中したい人は、そうすればよい。フェンスで仕切られていないうえにファウルグラウンドが狭いから、臨場感は抜群。野球を楽しむのには、もってこいである。

6　売上全体の７割を占める来場者の消費

　マスメディアによる露出がさほど期待できないなか、売上のほとんどを占めるのが、来場客による消費に基づくものであるのは、MiLBと同じである。では、その内訳を見てみよう。売上数値は、前述のウルフ、ホワイト両氏およびセインツを除く６球団への聞き取り調査をもとにした筆者の推定値である。いずれも、聞き取りを実施した年の推定値である。

　まずは全体像を示す（【表6-2】）。

表6-2　独立リーグ球団の推定売上と推定費用

（単位：1000ドル）

	売上計	費用計	営業利益	１試合平均観客動員	年度
セインツ	12,000	9,600	2,400	8,296	2017
レールキャッツ	3,500	2,500	1,000	3,632	2017
バーンストームズ	4,500	5,500	−1,000	4,073	2015
ブルークラブズ	3,500	3,400	100	3,591	2015
リバーシャークス	3,500	3,500	0	3,186	2015
マイナーズ	1,000	1,500	−500	1,187	2015

第6章　アメリカの独立リーグの経営が成り立つ背景

ボールダーズ	5,000	3,500	1,500	3,053	2015
(参考)BC平均	1,300	1,263	37	606	2017

※1：米国の独立リーグの売上、費用およびその内訳はすべて、実地調査に基づく筆者の推定である。売上、費用、営業利益の推定、1試合平均観客動員はいずれも、当該球団を実地調査した年度を対象とした。

※2：BCリーグの売上、費用は、第4章で使用した『週刊ベースボール』による推定値を、米国球団の推定値との比較をしやすいように、¥100=$1でドル換算している。

※3：上記の※1、※2は、下記の表6-3、6-4も同様である。

次に売上の内訳を示す（【表6-3】）。

表6-3　独立リーグの売上の項目別の推定値

（単位：1000ドル）

	①チケット	②飲食	③グッズ	④スポンサーシップ	売上計	①＋②＋③／売上
セインツ	3,600	4,200	600	3,600	12,000	70%
レールキャッツ	400	2,300	100	700	3,500	80%
バーンストームズ	2,100	600	200	1,600	4,500	64%
ブルークラブズ	1,500	1,200	300	500	3,500	86%
リバーシャークス	1,000	1,000	500	1,000	3,500	71%
マイナーズ	300	300	100	300	1,000	70%
ボールダーズ	1,500	1,500	500	1,500	5,000	70%

参考	チケット	飲食＋グッズ	その他	スポンサーシップ		
(参考)BC平均	150	120	110	920	1,300	29%

　売上のトップは、【表6-2】で示している通り、セインツ球団の1200万ドルである。先に記したように、破天荒なファンサービス戦略で、世界中のスポーツマーケティング関係者が注目するブランドとなった同球団は、独立リーグのなかでは別格の売上規模を誇っているが、その内訳【表6-3】を見ると、来場客からの売上であるチケット、飲食、グッズが70％を占めている。

　これを日本のBCリーグの売上内訳と比較する。BCリーグは、チケット、飲食、グッズに、野球教室を中心としたその他を含めても、その割合は

143

売上の29％であり、スポンサーシップへの依存度が高いことが浮かび上がる。観客動員数も、調査した米国の独立リーグ球団のなかで最も少ないサセックス・マイナーズの1187人よりも更に少ない606人である。BCリーグが、地域の健全な娯楽として定着するのに苦労している様子が見て取れる。なお、サセックス・マイナーズは、現地調査をした2015年は新規参入した年であり、デーブ・チェイスGMによれば、営業体制の構築が不十分であり、それが観客動員の低迷の要因だと語っていた。2017年の同球団の観客動員数は1609人とほぼ1.5倍に伸びており、地域密着は進んでいるようである。

7　目指すのは、地域の健全な娯楽としての地位確立

　MiLB球団の売上上位30球団の利益率が17％であることを第5章に記したが、独立リーグ球団が経営目標としているのもその付近、おおよそ20％前後だという。

　この営業利益20％という目標値は、MiLBよりも達成のハードルは高いと考えられる。なぜならば、親球団が、監督・コーチ・選手・スタッフの人件費やボールなどの用具を負担するMiLBと違い、独立リーグは、その人件費を負担する必要があるからだ。

　MLBとの育成契約もなく、MLBやMiLBのテリトリーに侵食している独立リーグ球団は、文字通り独立であり、その存立条件は収支がトントンになることである。赤字はすなわち退出・解散の危機に瀕することになる。それだけに、コスト管理は、より厳しいものになるだろうと思われる。実際、現地調査に応じてくれた各球団の経営者は、そう口を揃える。

　そんな独立リーグのコスト管理はどのようなものだろうか。

第6章　アメリカの独立リーグの経営が成り立つ背景

表6-4　独立リーグの支出の推定値

独立リーグ球団の費用（各項目）

（単位：1000ドル）

	⑤チーム（人件費、旅費、用具、用品）	⑥その他（販売費、一般管理費）	⑦球場使用料	総費用	⑤／総費用
セインツ	1,000	8,050	550	9,600	10%
レールキャッツ	850	1,500	150	2,500	34%
バーンストームズ	1,000	3,400	1,100	5,500	18%
ブルークラブズ	500	2,100	800	3,400	15%
リバーシャークス	850	2,500	150	3,500	24%
マイナーズ	300	1,200	0	1,500	20%
ボールダーズ	400	2,650	450	3,500	11%
（参考）BC平均	619	504	140	1,263	49%

　プロスポーツ球団における最大の支出は選手の年俸であるというのが、プロスポーツビジネス業界における常識であり、MLBをはじめとした北米4大プロスポーツでは年俸が総費用の60％を超えないというのが、ビジネス成立のひとつの条件であるといわれている。しかし、北米の独立リーグにおいてはそれはあてはまらない。【表6-4】にある通り、年俸に加え、人件費、旅費、用具、用品を足したチーム経費を総経費で割り出した数値は、最大のレールキャッツにおいても34％で、他の球団の数値は、11〜24％の間に収まっている。

　その理由のひとつとして、チーム経費については、選手年俸に上限が設けられていることが挙げられる。いわゆるサラリーキャップであり、たとえばAAIPBのそれは、登録選手23名＋故障者1名の総年俸が10万ドル以下と定められている。1人あたりの平均値にすれば4167ドル。つまり平均年俸は50万円以下ということになる。また、最低報酬が月額800ドル、最高は月額3000ドルと定められている。シーズン中の登録選手の入れ替えは頻繁に行われ、実際、契約は月単位が通常である。月の途中で契約解除となった場合の報酬は、日割り計算で支払われる。

145

他のリーグも、サラリーキャップが設定されており、ALPB は総額 12 万 5000 ドル、CANAM は総額 7 万 5000 ドルである。

　選手がこのような労働条件でもプレーをする理由はさまざまである。MLB 球団との契約を本気で考えている、あるいは現実のものとするような選手もいる。AAIPB の場合でいえば、6 名の元 MLB 選手が AAIPB でプレーをした。

　しかし、圧倒的大多数の選手は MiLB の契約を得られなかった選手である。先に述べたように、MLB のドラフト指名を受けて契約した選手は、傘下の MiLB 球団に送られ、そこで試合を通して訓練を積む。下位指名の選手は、1 年も経たずに解雇となるのが日常茶飯事である。毎年、1200 名以上が指名され、海外からもドミニカ共和国に全球団がアカデミーをもつなど、人材の供給はいくらでもある。

　MiLB 球団から解雇された選手が、夢を見続けたい、あるいはプロ野球選手であり続けたい、あるいは MLB 球団から指名を受けなかった選手が「プロ野球選手」の称号を得たいという思い。アメリカにおける貧困線は年収 1 万 2486 ドルである。その貧困線をも下回るような報酬しか得られない独立リーグが成立しているのは、そういう若者が多数いるということである。

　こうしてチーム経費を総経費の 20% 程度に抑えつつ、独立リーグ球団の特徴は、最大の支出がチケットやスポンサーの営業、ファンサービスにかかる費用であるということだ。セインツのように、1200 万ドルを売り上げるような球団ともなると、スタッフの数も多く、スタジアムの雰囲気づくりの仕掛けも充実しているので、そのための装置や、企画立案および運営のための人員に 805 万ドルを使っているところもある。もっとも、それはウェイリー氏によれば、先に大規模投資ありきというスタイルではなく、拡大再生産が原則だという。ファンの期待を半歩上回る企画や仕掛けをするために、ヒトを雇い、費用をかける。それが成功したら、更に費用を上積みして、ファンの期待に応えるよう試みる。その繰り返しにより、地域の健全な娯楽としての地位を確立するというのが、独立リーグのビジネスである。

第6章　アメリカの独立リーグの経営が成り立つ背景

　その最先端を行くセインツは、2016年、地域の健全な娯楽として認めてもらった証ともいえる、税金による専用球場を手にしている。セントポールのダウンタウンに建設された、収容人数7210人、天然芝の美しいCHSフィールドは、総工費6500万ドルのうち5300万ドルが税金である。ミネソタ州の負担が3000万ドル、セントポール市が2300万ドル。セインツの負担は残りの1200万ドルで、25年間の分割払い（年間55万ドル）となった。球場の運営権はセインツ球団に属している。つまり、球場から上がる収益はすべてセインツのものとなる。公共施設であるため、一定の日数を、高校や大学の野球に廉価で開放する義務があるものの、セインツの試合開催日以外を、さまざまなイベントに貸し出したり、時には自主興行をするなどして、売上向上を図っている。

8　地域のアイデンティティとして認められるために

　本章では、日本における野球独立リーグの継続の条件の示唆を求めて、アメリカの独立リーグについて、その経営実態を事例研究を通じて明らかにした。アメリカにおける現存する独立リーグのルーツは1993年である。その勃興は、MLBがそれまで乱立していたマイナーリーグ球団のうち160球団を傘下球団として選手育成の契約を結び、それぞれのテリトリーを定めたことが契機となった。MLB30球団と傘下のMiLB160球団が全米を網羅しているなかで、市場環境が良いとは言えず、またMLBおよびMiLBと契約のない選手で構成された独立リーグ球団の経営は不安定で、毎年のように勃興と消滅を繰り返してきたものの、2017年シーズンは、7リーグ、57球団が野球興行を行い、総計622万288人、1試合平均2472名を動員した。

　そのビジネスは、来場客を楽しませることが売上の根幹をなしており、チケットと飲食とグッズが主力商品で売上の70%程度を占める。スポンサー収入は少ない。日本において、独立リーグを含めた地域密着型の小規模プロ

147

スポーツチームの最大の収入源がスポンサー収入であるのとは対照的である。調査した球団に共通するのは、野球はあくまで背景であり、売上のカギは、家族や仲間とともに過ごす楽しい時間をどう演出するかにかかっている。最も成功している独立リーグ球団といわれるセインツは1試合平均8296人を動員し、売上は1200万ドルを超えている。全米最凶悪都市とのレッテルを貼られたこともある都市に本拠地を構えるレールキャッツ（インディアナ州ゲーリー）やリバーシャークス（ニュージャージー州カムデン）でも300万ドル以上を売り上げている。

　支出については、MiLBと違い、監督・コーチ、チームスタッフ、そして選手や用具なども各々の球団が負担する必要があるが、厳しいサラリーキャップを敷くことで、最も多いセインツでも、【表6-4】に記載されているようにチームにかかる費用は100万ドルと必要最小限に抑えている。最大の支出は、来場客を楽しませるための販売原価である。独立リーグ球団も地域のアイデンティティとして認めてもらうことで、地方自治体からの税金支援を受けて、専用球場を手にできるケースもある。アメリカのプロスポーツの地域密着とその果実である税金支援については、次章で詳しく述べる。

column5

野球場での"宴会"がアメリカ流

　関東が記録的な雨天に見舞われている頃、わたしはアメリカ中西部にいました。野球のマイナー球団のビジネスモデルの検証を通して、日本において、地域プロスポーツが地域のエコシステムの一翼を担うための諸条件を解明するという趣旨の研究視察の一環です。

　今回は、オハイオ州シンシナティからミネソタ州セントポールまで、レンタカーで2週間かけてジグザグに北上しながら、上はMLBから、下はサマーリーグ（大学生の選抜チームによるリーグ戦）の球団まで、アポの取れた球団を巡りましたが、行くたびに思うのが、アメリカの野球の層の厚さ、奥深さです。その奥深さを象徴する存在として、独立リーグ球団について少し記

してみたい。

　独立リーグとは、MLB およびその育成機関でもあるマイナーリーグとは別の、独立したプロ野球組織のことです。

　これがアメリカ・カナダに 8 リーグ 63 球団存在しています。MLB 球団 30 に加え、傘下のマイナーリーグ球団 160 もが、ビジネスとして運営されているアメリカにおいて、なぜ、独立リーグまでもがビジネスとして成立しているのかというと、それは、家族や仲間で安全に楽しく時間を過ごす遊技場・社交場としての役割が認識されているから。

　今回の訪問地でいえば、インディアナ州ゲーリー市を本拠地とするレールキャッツ。ゲーリー市は、シカゴの南東 40km に位置する工業都市で、マイケル・ジャクソンの生誕地。かつては全米最大の製鉄会社 US スティールの基幹工場を中心に栄えましたが、米国における製鉄業の凋落とともに荒廃し、現在にいたるまで、全米有数の犯罪都市です。

　独立リーグのチームは、MLB もマイナーもいない隙間市場を狙うケースが多く、こういう犯罪都市に居を構えるのは珍しくありません。

　ダウンタウンの再開発と町のイメージ向上のために、4500 万ドルの税金を投じて建設された US スティール・フィールドのなかは、子連れの家族で賑わう、日本でいえば夏祭りのような雰囲気です。観客席に座る来場者は少なく、人々はコンコースを回遊している。大人は、ビール片手に談笑。子供は、ジュースと菓子をむさぼりながら、打撃マシンや的当て、福引、ゲームに興じている。独立リーグ球団の最大の収入源は、チケットでもスポンサーでもなく飲食である場合が多いのですが、レールキャッツもそう。

　ファミリー以上に目立つのが、団体客です。区画したスペースや部屋と飲食をセットで 1 人 30 ドル〜 50 ドル程度という、要は宴会です。ホテルよりも飲食店よりも、野球場での宴会がアメリカ流なのです。

　夕食もとれて、子供に数ドルを握らせておけば、2 〜 3 時間、安心して放置できて、自身は社交に興じることのできる場所。これがアメリカの独立リーグのレゾンデートル（存在価値）なのです。

（『夕刊フジ』連載コラム「小林至教授のスポーツ経営学講義」〈2017年9月6日〉に加筆修正）

第 **7** 章

アメリカのプロスポーツ球団が
果たす経済効果以外の役割

1 地域のプロクラブの成立条件

　本章の情報収集は、以下の方法を採った。まず、米国プロスポーツにおける地域密着については、2004年に東京財団から研究委託を受けて以来、継続的に調査を続けており、筆者が福岡ソフトバンクホークス球団において取締役をしていたときに、その業務上において、MLBの役職員、MLB所属球団の役職員、MiLB所属球団の役職員と日常的に接するなかでも、研究を継続した。その成果は、東京財団研究報告書「スポーツ球団と地域経済との正しい在り方を築くために」(2005、東京財団)、「産業としての日本のプロ野球とマネジメント」(2009、一橋ビジネスレビュー、p.44-61)、『スポーツの経済学』(2015、PHP研究所) などにおいて公表している。これらの研究成果を、調査研究をした対象への確認や、インターネット資料、書籍、雑誌、新聞記事、論文などでアップデートした。

　武藤 (2009) が指摘しているように[注88]、地域のプロクラブの成立条件は、地元密着である。なぜならば、全国的な注目を喚起するビジネスではないから、大きなスポンサーを付けるのは困難であり、そのため、スポンサーとなるのは地元企業や地方公共団体となる。そして、地元企業や地方公共団体の支持を取り付けるためには、地元住人に支持されること、つまり地元住民が観客として集まることが大きな要素となる。だから、地元密着が必然となる。

　グローバル市場への展開に熱心に取り組み、北米大陸に留まらず、中南米や東アジアにもそのマーケットを拡げているMLBでも、その色はまだ濃く残っている。

　MLBのビジネスは、その売上が1995年には14億ドルだったのが[注89]、2018年には100億ドルを超す巨大ビジネスに成長した[注90]。その原動力は、MLBの前事業担当取締役であるティム・ブロズナン氏や国際部長のジム・スモール氏によれば、放送権料の高騰であったり、2001年に30球団が共同出資して

創設したオンライン・サービスの新会社（MLBAM）など、全国は勿論、世界を相手にしたボーダーレスなビジネスの成長でもあるが、それを下支えしているのは、地元の支持でもあるという。

そして、彼らによれば、地元の支持とは、100億ドルを超える総収入の40％を占めるチケット収入でもあるが、もうひとつ、スタジアム建設や運営費を地元の自治体が税金によって負担してくれることも大きいという。

2 税金によるスタジアム建設の支援

その税金によるスタジアム支援とは、どのようなものなのか。

【表7-1】は、1990年〜2017年までの28年間のスパンに、プロスポーツ球団の本拠地球場の建設コストと、そこに投じられた税金を示したものである。[注91]

表7-1 新球場建設の数、費用、税金投入額（総額）、その割合　（Costの単位：百万ドル）

League	Number of Construction Projects	Cost	Public Cost	Public Percent
MLB	27	$12,959	$7,804	60%
NFL	31	$17,717	$9,899	56%
MLS	17	$2,236	$1,142	51%
NBA	31	$11,113	$4,925	44%
NHL	32	$11,237	$3,488	31%
Total	129	$48,769	$25,883	53%

出所：Baade and Matheson, 2013. "Financing Professional Sports Facilities," in Financing Economic Development in the 21st Century をもとに筆者作成

MLBは、27球団が新球場を建設して、その建設費用は総計129億5900万ドル、そのうち60％が自治体の負担だった。NFLは56％、MLSが51％、NBAが44％、NHLは31％。まとめると、同期間に、5団体計で、129の新スタジアムが建設され、その費用は487億6900万ドル、うち53％が公金だった。

MLBにおいて新球場が27ということは、つまり、歴史的建造物であるリグレー・フィールド（シカゴ・カブスの本拠地スタジアム）とフェンウェイ・パーク（ボストン・レッドソックスの本拠地スタジアム）、そして新規建築はしていないものの、観客席は原型がわからないほどの大規模改修が行われたエンジェルズ・スタジアムの3球場を除くすべての球場が新造されたということになる。

　建設費を民間資本のみで賄ったのは、サンフランシスコ・ジャイアンツの本拠地、AT&Tパークただひとつである。ジャイアンツの新球場建設への税金投入は、住民投票で3度却下され、同球団は自腹で建設をした。サンフランシスコ市は、白人の比率が50％を割っているなど、アメリカの大都市のなかでも、とりわけ民族構成が多様[注92]、かつ価値観も多様で、一般にリベラルで価値観が多様とされる民主党支持者の割合が55.6％に対して、保守的とされる共和党員の支持者は8.6％である[注93]。つまり、リベラル＝民主党の牙城という文化ゆえ、民間のビジネス、それも大富豪が主宰する娯楽産業に税金を投入することに対しては、一貫して反対だったというのがその背景である。

　税金に頼ることができるのは、建設費用だけではない。営業権も含め、独占的に利用する権利を付与され、更にその運営にかかる費用も免除されるという、日本ではちょっと想像しにくい優遇を享受している。

　ひとつその典型的な例として、ミルウォーキー・ブリュワーズの本拠地＝ミラーパークのケースを以下に記してみたい。[注94]

- 2001年開場。
- 土地は自治体による無償提供。
- 建設費は4億ドル、そのうち77.5％（3億1000万ドル）が自治体負担、22.5％（9000万ドル）がブリュワーズ負担。
- 資金調達は、地方債の発行。償還のための財源は、消費税を2014年まで0.1％上げることで対応（達成率が低く延長された）。
- 所有者：第3セクター［周辺5自治体（カウンティ）が71％、ブリュワ

ーズが 29％〕。

- ブリュワーズに与えられる権利は、365 日の占有営業権。つまり、球場および駐車場から発生するすべての収入はブリュワーズに属する。
- ブリュワーズは、上記の権利の対価（賃料）として、年間 90 万ドルを負担する（2001 年〜 2010 年）。2011 年〜 2030 年の賃料は 120 万ドルとする。
- 球場運営はブリュワーズの責任において行う。
- 球場の維持費および修繕費として、所有者は以下を拠出する。2000 年から 2002 年までの期間の負担額は、年額 385 万ドル。2003 年から 2008 年までは年額 216 万 1103 ドル。2009 年以降は、所有者は維持費および修繕費は負担しない。ただし、2008 年までに拠出した金額の残余があれば、それを充当する。
- 将来の大規模改修に備えた基金に、ブリュワーズが年額 30 万ドル、保有者が年額 250 万ドルを拠出する。
- ネーミングライツはミラー・ブリューイング社が購入。価格は 4100 万ドルで契約期間は 20 年間（年間 205 万ドル）。収入はすべてブリュワーズに帰属。

3 大規模スポーツ施設の建設は、都市再開発の核となり得るか

◉Build it and they will come.（それを作れば、彼らは必ず来る）

「フィールド・オブ・ドリームス」という映画がある。ケヴィン・コスナー扮するアイオワ州の農夫が、ある日「それを作れば、彼らは必ず来る＝Build it and they will come.」という天の声を聞く。最初は「それ」や「彼ら」が何のことかわからなかったが、「それ」とは野球場で、「彼ら」とは野球に人生を捧げた往年の名選手たちの霊だと悟り、自分のトウモロコシ畑をつぶして立派な野球場をこしらえると、本当に往年の名選手（の霊）がやっ

てきて野球をするという物語である。

　まったくのファンタジーであるものの、アメリカでは、この映画が公開された1989年前後から、荒廃したダウンタウンにヒトと賑わいが戻ることを期待して、プロスポーツチームの専用球場を町の中心部に公金で建設することがブームとなっていった。1970年代から80年代にかけて、プロスポーツ球団の多くは、郊外の複合施設を本拠地とするようになっていった。代表的なのが、シーズンの異なるアメフト（NFL）と野球（MLB）の二刀流スタジアムで、ヒューストンのアストロドームなど、最盛期には13のスタジアムがNFLとMLBのプロチームがシェアするスタジアムになっていた。しかし、二刀流スタジアムは、稼働率の面では効率的だが、観客にとっては、視認性、臨場感、雰囲気など十分なものではなかった。

　こうしたなか、スポーツ施設を核とした都市再開発が、ボルティモア市、クリーブランド市において、劇的な変化を町にもたらしたことが契機となり、プロスポーツ球団の大規模スポーツ施設を建設すれば、荒廃の一途を辿り、特に夜は、犯罪蠢くゴーストタウンとなっていたダウンタウン（市の中心部）が活性化されるという空気が醸成されていく。

　期待された効用は、具体的には以下の4つと考えられる。

⑴地元住民が、仕事が終わると一目散に郊外の自宅に帰ることはなくなる。

⑵そうなれば、レストラン他の商業施設が戻ってくる。

⑶観光客が来てお金を落としていく。

⑷便利なダウンタウンでの生活が見直され、ドーナツ化現象に一定の歯止めがかかる。

　日本においても、中心部の夜間人口の減少は少なからず起きている現象だが、アメリカにおけるこの現象は日本のそれとは比較にならない。アメリカにおけるダウンタウンは、特に夜間においては犯罪の町であり、一般の人間が近寄れるような場所ではない。つまり、その解消とまではいかなくとも緩和は喫緊の課題なのである。

第7章　アメリカのプロスポーツ球団が果たす経済効果以外の役割

●ダウンタウン再開発のシンボルとなったボルティモア市

　ボルティモアは、アメリカ合衆国メリーランド州北部の都市。チェサピーク湾奥のパタプスコ川河口に位置する。世界最大級の天然港をもつ港湾都市であること、また、鉄道・道路網、航空路の拠点でもあることから、古くから商工業が発達してきた。

　特に盛んだったのは製鋼業と石油精製業だったが、1950年代以降の重厚長大産業の衰退と、自動車の発達による郊外化が進み、中心部は空洞化とともに、建設物の老朽化と犯罪の増加により、アメリカの多くの都市に見られる都市問題に悩まされていた。それを象徴するように、同市の人口は1950年の95万人を境に低落の一途を辿り、2017年の推定値は62万人である。

　こうした事情を背景に、その後、多くの大リーグ球場のモデルとなる、オリオール・パーク・アット・カムデン・ヤードは1988年に着工、1992年に誕生した。当初、慢性的財政難に悩むボルティモア市そしてメリーランド州が、営利企業であるプロスポーツ球団のために、100％税金で2億ドルの建設費を負担することの是非を問う声もあったが、上に記したように、都市問題が深刻であったこと、また、1984年に同市のNFL球団コルツが、インディアナポリス市に移転しており、MLB球団のオリオールズを同市に残すことは、市にとって重要なことであるとの声が強かった。

　実際、オリオールズ球団は、80年代を通して、新球場をつくってくれなければ移転すると圧力をかけ続けており、特に、コルツが移転した1984年以降は、フロリダ州タンパ市ほかさまざまな具体名を挙げながら、市と州に揺さぶりをかけていた。

　できた新球場はアメリカ建築協会の賞をもらうなど、都市の景観と見事にマッチし、ダウンタウンの再開発のシンボルにふさわしいものとなった。ライト後方のレンガ造りの旧倉庫を球団事務所や店舗として利用し、球場もレンガ色を基調とした、温かみのある、古き良き時代を想起させる。

　ただし、復興のシンボルではあるものの、同市のダウンタウンの再開発

は、オリオールズの新球場が完成する11年前、1981年に既に完成しており、実はオリオールパークあっての再開発というわけではなかった。

　実際、1981年に完成したインナーハーバーは、その後の日本のウォーターフロント開発のモデルにもなったほどのみごとな出来栄えで、完成した年には、フロリダ州のディズニーワールド以上の観光客が同市を訪れている。

　もうひとつ挙げるなら、オリオールパークが、成績は低迷しても球場は満員であるほど実に魅力的な施設であることには違いないものの、それによって市がどれほど恩恵を被ったかについては、今にいたるまで、懐疑の声がほとんどである[注96]。一方、このオリオールパークの成功が、これ以降、爆発的に増える、公金による新球場の理論的支柱になったことから、MLBの経営革命の発端になったことは間違いない。

●大規模な再開発プロジェクトで町を一変させたクリーブランド市

「大規模スポーツ施設が都市の再開発の目玉になる」という神話を作り上げた立役者のもうひとつが、クリーブランド市である。

　クリーブランド市はオハイオ州北部に位置し、五大湖のひとつエリー湖に面している。

　港湾都市として、鉄鋼、石油精製、工作機械、自動車などの重工業を中心に発達してきた同市だが、産業構造の変化により、ボルティモアと同様、1950年代以降は多くの企業が転出するなど衰退を続け、失業率は4.6％から10％へと上昇した。

　企業が移転するにつれ人口も減少を続け、1950年に91万5000人の人口を擁し、アメリカ有数の大都市であったクリーブランドの人口は、1990年には50万6000人まで落ち込み、2017年には40万人を割り込み、流出に歯[注97]止めがかかっていない。

　人口流出の結果、失業者、貧困家庭の率が高くなり、また、打ち捨てられた廃墟のようなビルや住宅が数多く残るなど都市環境が大きく悪化し、一時は廃墟の町とまでいわれるにいたった。映画「メジャーリーグ」（1989年）は、そんなどん底のクリーブランドを舞台にした映画である。斜陽著しい町

の、これまた落ちぶれた大リーグ球団のクリーブランド・インディアンズ
が、寄せ集めの軍団で優勝を目指すという物語だった。

　新球場建設が、ダウンタウン再生の最後の仕上げだったボルティモアに対
して、クリーブランドでは新球場の建設がダウンタウン再開発計画の核だっ
た。その概要は、廃墟と化していた倉庫群や中央市場の跡地に、野球場とア
リーナを中心とする複合施設「ゲイトウェイ」を総工費4億3500万ドルを
投じて建設するというものであり、着工は1990年。
　4年後には、野球場（現プログレッシブ・フィールド。インディアンズの本拠
地球場）、体育館（現クイッケン・ローンズ・アリーナ。NBAキャバリアーズの
本拠地ほか、アイスホッケー、コンサートホールの多目的施設）が完成。その後
も、エリー湖畔にロックの殿堂やアメフトのスタジアム（NFLブラウンズの
本拠地）を建設するなど、大規模な再開発プロジェクトにより、町の風景は
一変した。

　プログレッシブ・フィールドは、90年代後半を通して、インディアンズ
主催試合のチケットがシーズン開始前に完売となるなど、確かにダウンタウ
ンの活性化に貢献し、球団も、映画「メジャーリーグ」に描写されていた通
りのどうしようもない球団から、常勝球団へと変身した。
　とはいえ、再開発指定区域＝球場の周辺こそ、レストランやバー、土産物
屋などで賑わっていたが、ほんの数百メートル離れると、廃墟と化したビル
が建ち並び、薄暮になると、恐怖で身震いする、そんな風景が今もって町を
覆っている。2010年には、フォーブス誌が全米で最も惨めな都市に挙げた。
　実際、同市は、逼迫する財政状況下、公立学校の教職員や警察官、消防員
などの公務員を大量に解雇したり、ゴミ回収を含む公共サービスの回数を減
らすなど、悪循環に陥ったままである。

4　スポーツ球団が地域にあるメリット

　このように、プロスポーツチームのスタジアム建設を公金で賄う理由として経済効果を謳うことについては、長年の経済学者の研究や現実の結果からそれが正しくないことは、アメリカでは既に常識となっている。[注98]こうしたデータは広く共有されているにもかかわらず、ここまで述べてきたように、多くの自治体が、公金によってスタジアムを建設することで、プロスポーツ球団を誘致する、あるいは引き留めている背景のひとつとして、スポーツ球団が地域にあるのはいいものだという、つまり考え方によっては経済効果よりも大きな効果をもたらす存在である（武藤、2009）[注99]と考えられているのだと、アメリカの自治体を訪れるたびに感じる。

◉地域の人々に安価な娯楽を提供することに徹して復活したレディング市

　ペンシルバニア州レディング市もそんな町である。

　同市は、人口9万人弱の小さな町である。かつては、フィラデルフィアと結ぶ鉄道（レディング鉄道）の要衝として栄え、日本でもお馴染みのゲーム、モノポリーのなかにも登場する町だった。しかし、輸送手段の変化、石炭産業の衰退により、現在、その輝きはない。実際、貧困線以下の暮らしをしている割合が人口の33％。これは、全米平均14.5％の倍以上の数字である。町の活性化への取り組みも遅れが目立ち、幹線道路を整備したり、アウトレットを誘致した程度で、有効策を打ち出せていない。

　このレディングの町にあるのが、大リーグ球団フィラデルフィア・フィリーズ傘下のレディング・ファイティン・フィルズというAAの球団である。

　同市は、多くのアメリカ北東部の都市と同様、古くから野球が盛んであり、1883年には既に球団があったという。現在のファイティン・フィルズも1967年以来ずっとそこにあり、MiLB傘下球団としては最古の歴史を誇る。年間観客動員数は、AAに属する全30球団中、常に上位にいて、2017年も、1試合平均観客動員はAA30球団中2位だった。

第7章　アメリカのプロスポーツ球団が果たす経済効果以外の役割

　私が2004年に試合観戦を含めて球場を視察したときも、ほぼ満員で埋まっていた。
　1951年に建造されたファースト・エナジー・スタジアムは、1988年に大規模な改修工事が行われたとはいえ、外見は古びており、時代に取り残された感すらある。しかし、ひとたびなかに入ると、その楽しそうな雰囲気には、アメリカの球場のエッセンスが凝縮されている。アメリカの球場は、メジャー、マイナーに限らず、野球を観る場所というよりは、子供にとっては遊技場、大人にとっては社交の場である。
　野球のレベルが下がるマイナーリーグにおいては特にその傾向が強くなる。つまり、どれだけ社交場として、快適な空間を提供できるかどうか、ここに勝負がかかる。

　レディング・フィルズのスタジアムの様子について、以下に写真を示す。
【写真7-1】の通り、レフトスタンドは丸々、居酒屋になっている。
　また、【写真7-2】のように、ライトスタンドにはプールが備え付けてある。
　その他、三塁側内野席の一部も居酒屋になっているほか、ライトのプールサイドには、予約制のパーティー場と社交の場としての機能が充実している。
　遊戯施設も子供だましではあるが充実しており、バッティングセンター、ピッチングセンター、パットゴルフ、ミニバスケット、ゲ

写真7-1　ファースト・エナジー・フィールドのレフトスタンド(筆者撮影)

写真7-2　ライトスタンドにはプールもある(筆者撮影)

161

ームセンターなど出店も多く、日本でいえば縁日のような雰囲気が演出されている。

ここで、私が過去訪れた球場で、幾つか面白い取り組みがなされていたので紹介しておきたい。

ラスベガス・51's（アビエイターズ）というAAAの球団がある。2000年に愛称をスターズから変えたのだが、なぜ51かというと、エリア51にこじつけたという次第。

エリア51とは、ネバダ砂漠のまんなかに位置し、アメリカ政府が宇宙人の研究を行っているという噂がある場所で、ロゴを宇宙人の顔にした。

なんともバカバカしい戦略にも思えるが、これが当たり、帽子やシャツ、ジャンパーなどグッズの売上は、ロゴを変えた2001年には前年比130％を記録した。さらに同球団は、2002年7月、ハワイアン・ナイトと称して、何をやるかと思ったら、選手にアロハ模様のユニフォームを着用させて試合をした。

MLB球団においても、そこはただ野球を観る場所ではない。居酒屋、ピクニック場、バッティングセンター、ピッチングセンター、ミニバスケット、パターゴルフ、ゲームセンターなどは定番中の定番であり、これらがない球場のほうが珍しい。

また、人気スポーツの試合会場は、多くの人間が一堂に集う場所であり、そこにビジネスチャンスが転がっている。野球のマイナーリーグレベルでも千人単位、メジャースポーツともなれば数万人の人が訪れる。空いているスペースを貸して、さまざまなビジネスが展開されている。日本においても、筆者が取締役を務めた福岡ソフトバンクホークスは、コンコースでのサンプリングをする権利を、スポンサーのベネフィットのひとつとして選択できるようにしたところ、大好評だった。定番なのが、クレジットカードの勧誘や住宅ローンの相談。変わったところでは、結婚式場の相談などというものもあった。

場外での選挙運動も定番だが、驚いたのは、2003年にメリーランド州ボウイ市のAA球団ボウイ・ボーソックスを訪れたときのことである。場内で選挙運動が展開されていた。聞けば、場所代を払えば別にかまわないとのこと。これも彩りのひとつで、2017年に現地視察をした独立リーグ球団、ゲーリー・サウスショア・レールキャッツでも同様のブースが展開されていた。

　こうした取り組みの結果、マイナーリーグは廉価なファミリー・エンターテインメントとしてのポジションを確立し、既に述べてきたように、MLB傘下のMiLBが160球団総計で3778万9759人（2017年）、MLB傘下にない独立リーグも57球団で622万288人（2017年）の観客を集めている。

　ひとつ付記しておくと、マイナーリーグは、厳しい時代を過ごしたうえでの復活だった。戦後、人気を博し、最盛期の1949年には年間観客動員数3900万人を超えていたものの、娯楽の多様化、MLB球団数の増加、交通手段の発達に伴い、急速に人気を失い、1960年代には年間総観客動員数は1000万人を割り込むまでになった。そこから、地域の人々に安価な娯楽を提供することに徹したことで、復活を成し遂げたのである。

　マイナー球団と地域経済の関わりについて、筆者は2003年以来継続的に現地調査を続けてきており、現地視察とインタビューを行った球団は100を優に超えるが、そのなかで、2004年、上記のレディング市の市長に取材をしている。当時の球団名は、ファイティン・フィルズではなく、フィリーズだった。当時も今も、フィリーズ傘下のAA球団であることに変わりはない。

◉レディング市長へのインタビュー

　レディング市にとって、球団がそこにあるメリット、デメリットは何だろうか。同市市長トム・マクモーン氏に聞き取り調査を行った。
「昨日、球場に行きました」
「どうでした。もう古い球場ですがね」
「客がたくさん集まっていたので驚きました。ここはフィラデルフィアま

で、1時間半もあれば行けるでしょう？　大リーグの試合に容易にアクセスできる町で、住民がマイナーリーグ球団にそれほどの興味をもつとは思っていませんでした」

「あそこはねえ。社交場なんですよ。いろいろあるでしょう。プールにバーに。特段、野球にもフィリーズにも興味がない人でも、年に1〜2回は行くものですよ」

「球団と市との契約はどのようになっているのですか」

「市が球団にリースしているかたちになっています。リース料は、今年（2004年）から2017年まで2万2000ドル。2018年以降は少し上がって、契約満了は2020年です」

「売店や広告看板の権利は」

「球団は、リース料と引き換えに、球場におけるすべての権利をもっています。普通のオフィスビルのテナントと同じですね」

「飲食店などにおいては、売上に応じて、賃貸料に上乗せするかたちをとる場合もなかにはありますよね」

「レディング市とフィリーズの契約はそうしたものと違います。チケット、飲食、広告看板、ネーミングライツ、駐車場などなど、すべての権利は球団に属しています。実際、市が球場を別のイベントで使うときは、こちらがお金を払わないといけないことになっています。たいした額ではないですがね。ただ、入場料に関しては、その5%を入場税というかたちで取っています」

　実は、この入場税を取るケースは、アメリカのプロスポーツに対して広く行われている。たとえば、シカゴ・ホワイトソックスの主催試合の入場券には市税7%と郡税3%の計10%が上乗せされていることが明記されている。

　日本においてこれを可能にするには、現在、盛んに議論されている課税自主権の問題になってこよう。そこまで待たなくとも、「ゴルフ場利用税」「入湯税」という同類の前例があるため可能だという議論はあるが、杓子定規に割合が全国的に決まることの弊害が考えられる。一例を挙げるなら、各自治体が当該のスポーツ球団に対して行う支援額などがそれぞれ違うなかで、同

第7章　アメリカのプロスポーツ球団が果たす経済効果以外の役割

じ率を課すのには無理が生じると思われる。

　市長へのインタビューに戻る。

「それは金額にしてどのくらいになりますか」

「先月の支払いの報告書がちょうど今朝、私の手元に届いて、4425ドル89セントだったね」

「すると年間でどの程度ですか」

「7月は客が多い時期だから単純に5倍するわけにはいかないだろうが、どのくらいかな。ちょっと今すぐ計算できないけれど、ここに、フィリーズから市に支払われた額の総額がある。昨年の10月21日から今年の8月20日までにフィリーズが市に収めた金額の数字を計算させたんだよ」

「わたしのためにどうも」

「どういたしまして。それで、支払われた額は、ざっと言って11万ドルだね。これに7月分と8月分が入るから、おそらく今年は15万ドル前後になると思う」

「これは、球場のリース料に、入場税、所得税、法人税の総計ですか」

「そうです」

「市は球団が居ることで儲かってますか。それとも持ち出しですか。球団発行の資料ですと、1987年以降の改修工事の費用は、フィリーズが452万ドル支出したのに対して、レディング市は、54万5000ドル、ペンシルバニア州が95万ドルの支出となっています。市の負担は意外と少ないのではないですか」

「それは、バーを作ったり、プールを作ったりなど、客を集めるための経営努力に対する支出のことですね。それが水漏れやひび割れなどになりますと、市の負担となりますので、たとえば、昨年は老朽化したワイヤーの交換やらなにやらで、4万5000ドルを出費しています。古い球場ですからいろいろかかるのですよ。とてもリース料で賄えるようなものではありませんね」

「市民に対して正当化はできるというレベルですか」

「そうですね」

「修理や改修の際、どのように線引きをするのですか」

「これが毎度、かなり侃々諤々の論議になりまして、一応基準はあるのですが、グレイ・エリアが多くてね。実は、今手元に2週間前に球団から送り付けられた修繕の要望書がありまして、これなんですが、今日の午後、どちらがどう負担するかで、厳しい意見交換になると思います。土産屋の屋根が雨漏りするというのは仕方ないにしても、プールの日除けは、市がやることじゃないと思うんですがね。ははは」

　市長によると、市の予算は5200万ドル。アメリカの他の都市と同様、財政は決して楽ではないという。しかし、最終的に市が負担するケースが多いそうだ。

「大規模な改修工事をしているといっても、1951年の球場となると、そのうち、新球場をつくってくれという話も出てくるんじゃないですか？」

　そう突っ込んだら、市長はちょっと困ったような顔でこう答える。

「実は、この1〜2年のうちに、そんな話が切り出されると思っているんだよ」

「どうするんですか？」

「市の財政も難しいところにあるからね」

「では、他の多くの球団がそうであるように、球場をつくってくれないと出て行くと言われたらどうします」

「そこなんだよ。あなただからお話しするけど（外国人訪問者である筆者から情報が漏れることはないという意味）、最終的にはつくることになると思う」

「なぜですか？　マイナーリーグとはいえ、球団のオーナーは、税金をあてにする必要はないくらいの金はもっている人たちですよね」

「おっしゃる通り。ただ、オーナーのクレイグ・スタイン、それからGMのチャック・ドミノ。2人ともしたたかなビジネスマンでね。確かにわたしたちも公金を使うことに疑問を感じることもある。しかし、やっぱりこの町から球団を失いたくないんですな。わたしの経験からも、町に野球チームがあって、選手との触れ合いがあるなかで選手に憧れて育っていくというのはとてもいいことだ。野球場にはたくさんの良い思い出がある。やはりそうい

うものを地域に残しておきたいと思うんだなあ」

「新球場をつくったら、負担は大変なものでしょう」

「幸い、現在の州知事がスポーツ、特に野球に対して理解がある人だから、州からの援助は相当にあるだろうけれど。実際、知事がフィラデルフィア市長だった時代に、フィリーズ、イーグルス（アメフト＝NFL）、76ers（バスケ＝NBA）は全部、新球場になったくらいだから。それでも、市で3分の1は負担しないといけないだろうから、結構な負担ですよ」

「議会は大丈夫ですか」

「もちろん。わたし一人では決められないですよ。ただ、野球が好きな人はもちろん、そうでない人も年に何回かはあそこに行って、ワイワイやる。こんな小さな町で、あれだけの人が集まる場所というのは、他にはないからねえ」

「つまり、球団がそこにあるメリットは、お金には代えられないものがあるということですか？」

「そうだね」

●ゲーリー市長へのインタビュー

　つまり、経済効果の観点というよりも、コミュニティの醸成の観点から、自治体はプロスポーツ球団を支える必要があるということだが、実は、2017年に訪れたインディアナ州ゲーリー市のカレン・フリーマン・ウィルソン市長もまったく同じ見解だった。

　第6章で取り上げた独立リーグ球団レールキャッツが本拠地を構えるゲーリー市は、シカゴからミシガン湖沿いに40kmほど南下したところに位置する。かつては全米最大の製鉄会社USスティールの製鉄所を中心とする企業城下町として栄え、1960年には17万8000人が住んでいたが、その後、アメリカの製造業の衰退と歩調を合わせるように、人口の流出と都心部の空洞化、廃墟化に悩む、典型的なラスト・ベルトの町である。2013年のゲーリー市の公報によれば、ゲーリー市の3分の1は空家であり、犯罪の温床となっている。特にダウンタウンの荒廃は深刻で、全米最凶悪都市ランキングの

常連である。

　そんなダウンタウンの再開発の目玉として、独立リーグ（ノーザン・リーグ）への新規参入球団をゲーリー市に誘致することをコミットし、その本拠地スタジアムとして、2002年に総工費4500万ドルの税金を投じて建設されたのが、USスティール・ヤードである。

　ウィルソン氏は、税金で建設したUSスティール・スタジアムをほとんど無償でレールキャッツにリースしていることについては「わたしの前の市長がやったことで仕方ないが、わたしは大いに不満である」と言う。

　ウィルソン氏によれば、レールキャッツとゲーリー市の契約は、以下のようなものだという。

- レールキャッツ球団は、年間15万ドルのリース料を支払い、球場の運営権は同球団に属する。ただし、試合開催がない日に、ゲーリー市が公共イベントなどを開催する場合は、レールキャッツ球団は無償で開放する。
- 維持修繕費はゲーリー市の負担。

　ウィルソン氏が指摘する問題は、毎年のように修繕費がリース料を上回っていて、市には一銭も入ってこないうえに、2001年〜2015年の15年契約で、以降、レールキャッツ球団が望めば、5年間の契約延長を2回できるというものだ。現地調査をしたときは、一度目の契約延長期間ということになる。

　とはいえ、税金でスタジアムを建設して、レールキャッツを招致したことについて、前の市長および市当局は間違っていたかという質問に対しては、首を横に振る。

「町には、必ずしも野球でなくても構わないかもしれないけれど、皆が応援できるスポーツチームがあるべきだとは思う。また、そのために税金でスタジアムなりアリーナなりを建設することは必要なことだと思う。逆に、そうしないと、人口も多くなく、所得レベルもそれほど高くないゲーリーのような町を本拠地にするチームは現れなかったかもしれない」

ウィルソン氏はこう続けた。

「スタジアムへの来場者の8割以上が外部、つまりゲーリーの周辺地域からの来訪者であり、その人たちの一部は、市内のガソリンスタンドやレストランを利用してくれているだろうし、ダウンタウンのランドマークができたことで、周辺にはアートハウスなどができるなどして、雰囲気も良くなって、地価も上がっている。市が主催するフェスティバルやコンベンションなど、1000人規模の人数が集える場所としても重宝している」

その代表的なものとして、ゲーリー市で生まれ育ったマイケル・ジャクソンの葬儀と追悼コンサートは、USスティール・フィールドで執り行われ、6000人以上のファンが集まったという。

「ただし、家賃はきちんと払ってもらわなければ、市民の理解を得られないし、実際、批判する向きもある。修繕費や維持費についても、これからは、その実情を厳しくチェックする。修繕の名目で施設のアップグレードに使われているのではないかという市民団体の声もありますから」

●球場を建設してマイナー球団を誘致したサウスベンド市

マイナー球団と地域経済の関わりについて更にもうひとつ。古くから、マイナー球団が定着していたレディング市とは対照的な、別の事例を紹介したい。町の活性化のために、球場を建設してマイナー球団を誘致した、インディアナ州北部の都市、サウスベンド市である。

同市は、工業都市として発展したものの、ボルティモアやクリーブランドと同様、1960年代〜70年代に多くの工場が撤退。特に、シンガー・ミシンや世界最大の農業機械メーカー、ジョン・ディアなどの大企業の撤退は、市の経済を直撃した。

その後、市の北部にあるノートルダム大学の発展により、経済はやや持ち直したものの、ダウンタウンは荒廃したままで、80年代から90年代の最重要課題がダウンタウンの再開発であった。

球場建設のアイデアは、そうした状況のもとで持ち上がった。サウスベンド市は我が国では、おそらくその名を聞いたものはほとんどいないと思われ

るが、アメリカにおいてはアメフト、バスケットボールなどの名門であるノートルダム大学のある町として、知名度を得ていた。

とはいっても、両競技とも行われるのは秋口から冬にかけてである。

その期間は週末を中心に町は活気づくものの、いかんせん、フロストベルトと呼ばれる一帯である。冬ともなると雪に覆われ、1月には平均最高気温が零下に突入。寒い日には零下20℃近くにまで達するという酷寒の地でもある。

一方、本来であれば、その開放感から活気に溢れていなければならない夏の間は、ノートルダムの学生は故郷に帰り、イベントもなし。町は閑散としている。

余談だが、私が現地視察に赴いた2004年8月はまさにそんな時期であった。サウスベンド市、ノートルダム大学ともに、調査への協力を申し出たところ、実に懇切丁寧に対応してくれたのも、彼らが暇であったことと決して無縁ではあるまい。

以下、サウスベンド市経済振興局特別職のアン・コラタ氏、同市同局部長シャロン・ケンドール氏への聞き取り調査をもとに、サウスベンド市が球団を誘致した経緯、そして現在の状況について記してみたい。

Built it and they will come.

この町に、野球チームが欲しい。第2次大戦頃からあったというその声は、ついに1984年、30人ほどの有志（サウスベンド野球愛好家）が大リーグの下部組織の球団誘致を行う案を公表したことで、現実味を帯びることになった。

当初、サウスベンド野球愛好家は、AAA球団、もしくはAA球団の誘致を考えたが、近くにリーグがないことなどから断念。現実的な策として、サウスベンド市の近隣を中心に展開されているAレベルのリーグ、ミッドウェストリーグの球団の誘致に向けて動きを始めた。

第7章　アメリカのプロスポーツ球団が果たす経済効果以外の役割

　その後、Aクラスの球団の所有権をもつシカゴの投資家、ステイリー家に白羽の矢が立った。ステイリー家は、所有球団の本拠地に、イリノイ大学の野球場を近隣の大学野球部と共用する計画を立てていたが頓挫。税金で球場をつくってくれる自治体を探していたのである。

　一方、サウスベンド野球愛好家は、同市にスタジアムを建設することに対して、市長を説き伏せることには成功したものの、議会や市民団体の反対に遭うなど、コラタ氏によれば「町の歴史上、最大の混乱」というほど、スタジアム建設の可否、その資金調達方法などを巡って、大論争が繰り広げられた。

　結局、銀行からの融資で資金を調達することに決定したのが1985年。年利13.4％の10年返済。毎年の市の負担は100万ドルほどとなる。翌年8月には着工となった。

　ところが、着工からほどなくして、ステイリー家は球団をニューヨーク在住の投資家に売り払い、再び町は大混乱に陥る。というのも、ステイリー家とサウスベンド市の間では、球団を移転することを、球場のリース契約も含めて合意にはいたっていたものの、新たなオーナーは、当初の予定通り、サウスベンドに移転はするが、契約に関してはこれからだという考えだった。

　実際、ステイリー家がニューヨークの投資家に売却した価格は、4万6000ドルであり、その2年前に購入した2万ドルの倍以上であり、ニューヨークの投資家に、サウスベンド移転に伴う球場のリース料を安く抑えられるであろうことを「売り」にして高値で売ったというのが、衆目の一致するところであった。

　こうした紆余曲折を経て、スタジアムが完成したのは、1987年4月。最終的にかかった建設費用は595万ドルだった。また、リース料を安くするくらいなら、球団なぞ来なくてもいい、という断固とした姿勢もあって、リース料も、市にとっても新球団にとっても妥当な線に落ち着いた（当時のリース料は不明）。

171

経済的な採算は合わないけれども……

視察した2004年当時の、市当局と球団（シルバーホークス）とのリース契約は以下のようなものだった。

★契約期間は2008年まで

・2003年〜2005年は、基本使用料として、15万ドル。それに加え、年間観客動員数に応じて、以下の追加リース料を市に納める。

・19万人を超える場合は、19万9999まで1人増すごとに、50セント。

・20万人を超える場合は、20万9999まで1人増すごとに、60セント。

・21万人を超える場合は、21万9999まで1人増すごとに、75セント。

・22万人を超える場合は、1人増すごとに、1ドル。

2004年度の年間観客動員数は21万2531人であり、およそ1万3000ドルがリース料として加算されたと推測される。

ちなみに、この年間観客動員数21万2531人は、クラスA（A＋とA）60球団中17位と、まずまずの数字だった。市当局は、シルバーホークスの観客動員には満足しているとのことである。

なお、同市においても、球場での飲食、広告看板の利益など球場で発生するすべての利益は球団に属することになっている。

さて、このリース契約によって、市は儲かっているのか否か。

所得税や法人税を含めたうえで、球団から得る収入がいくらになるか、正確な額は明かしてくれなかったが、1996年には初期の球場建設費595万ドルの銀行ローンは完済しており、2004年は、黒字になっているとのこと。また、市としてはシルバーホークス球団が存在することで大変満足していると語っていた。

では初期投資を含めて考えた場合はと聞くと、銀行のローンがあった時代（1987年〜1996年）は、毎年の返済額が100万ドル。一方で、球団から市が得た直接の収入（リース料、所得税、法人税など）は、1988年は15万3000ドル、1989年は20万ドル。その後のローン返済期間中においても、その前後の額だったとのことで、返済額を賄う収入を得ることはできなかった。

第7章　アメリカのプロスポーツ球団が果たす経済効果以外の役割

　また、コラタ氏は「ローン返済後から今にいたるまでの収入で、初期投資分が賄えたということも考えにくい」と語っている。

　確かに、インフレーション率を加味しない単純計算でもそれは明らかであろう。毎年100万ドルのローン返済がある。収入は、仮に上記の1989年の金額20万ドルが入ってくるとしても、80万ドルの持ち出し。これが10年続いたので計800万ドル。1997年から2004年まで仮に収入がアップして、毎年30万ドルの純益だとしても、30×8＝240万ドル。初期投資を賄うところまではいかない。

　では、球団誘致とそのための球場建設は失敗だったのかと問うと、返ってきた答えは、レディング市長と同じく、単なる経済的損得では測れないものが球団にはある、というものだった。

　ひとつは、町の人が共通の話題、関心をもつことの意義。特に、同市は、球団が来る前は、夏に閑散としていただけに、球団が与えた活力は極めて大きかったという。

　また、球場を建設した地域は、ストゥードベーカー社[注100]が去った後、市で最も荒れ果てた地域であり、ドラッグディーラーやギャング団の溜まり場として、昼間でも誰一人、近づける場所ではなかったという。現在でもその雰囲気は残っているが、その中心に球場を配置できたことの効果は極めて大きいことが、視覚的にも理解できた。

　そのほか、社交場としての機能も見逃せない。前出のレディング市もそうだが、こうした小さい町では、数百人、時には数千人単位の市民が一堂に会する機会も場所もないのが通常である。こうした場合、日本の自治体なら、公民館などを建てるケースが多いが、アメリカでは公民館やコンベンションホールよりも、まずスポーツ施設が先にくるというのが、視察を重ねてきた筆者の印象である。このことについては、レディング市長のマクモーン氏、サウスベンド市経済振興局特別職のコラタ氏、そして2017年にインタビューしたゲーリー市長ウィルソン氏ともにその通りであると同意していた。その理由は、これまた3名とも言及していたことだが、社交場としての機能を

173

有する球場は、行政の機能を代行する役割を果たしているという考え方に基づくということである。

サウスベンドの今

その後、同球団は、マイナー・リーグ・ビジネスの史上に残る、ターン・アラウンド・マネジメントの成功例として、野球ビジネスの業界では有名な存在となった。

その概要はこうである。サウスベンド市は、2007年に開業20周年を機に、球場の周辺区域を含めたダウンタウンの再開発計画に乗り出し、球場についても大規模な改修工事を行うことを決定した。その際も、税金を投入するか否かで、議会は揉めに揉めたが、当時、観客動員数は1試合あたり平均で2000人を下回る日が続き、閑古鳥が鳴く5000人収容のスタジアムからMiLB球団を失う可能性も懸念されていた。

こうした背景から、サウスベンド市は、700万ドル以上の税金を投じて、LEDの巨大スコアボードの導入、スイートルームやプレミアム・シートの拡充、子供用の遊戯設備の拡充、そして人工芝の導入と、大規模な改修を行った。こうした市の投資に好感をもち、2011年にはシカゴの投資家でありシカゴ・ホワイトソックスの少数株主でもあるアンドリュー・バーリンが、球団を買収し、隣接する廃墟となっていた教会を改装してチームショップとしたり【写真7-3】、児童用の遊戯施設を増やすなど、400万ドルを投じた改修を加えた。

こうした一連のスタジアム改装がズバリ的中し、新装オープンとなった2012年の観客は、前年比70%増

写真7-3　球場レフトスタンドに直結するグッズ・ショップ（出所：サウスベンド・カブスのウェブサイト〈注101〉より）

第7章　アメリカのプロスポーツ球団が果たす経済効果以外の役割

となる18万9575人を記録した。以降、現在（2017年シーズン終了時）にいたるまで、毎年、記録を更新し続けており、2014年には、フォー・ウィンズ・カジノがネーミングライツを購入し、球場名がフォー・ウィンズ・フィールドとなった。

2015年には、ダイヤモンドバックス傘下からカブス傘下となり、チーム名もシルバーホークスからカブスとなり、その年のオフには、マイナーリーグ球団にとって最高の栄誉であるジョンH・ジョンソン・アワードを受賞した。同賞は、ファンサービス、地域貢献、リーグへの貢献などの評価項目をもとに、マイナーリーグで最も優れた経営をした球団に贈られるものである。直近の2017年シーズンも、クラスA 60球団中5位の35万4070人、1試合平均5285人を集める、マイナーリーグ屈指の人気球団である。

5　日本とアメリカで大きく異なる運営球団と球団との関係

NPB球団でも、北海道日本ハムファイターズ、東北楽天ゴールデンイーグルス、千葉ロッテマリーンズ、広島東洋カープが、MLBと同様、自治体もしくは第3セクターなどが所有する「公営」球場をフランチャイズとしている。

日本とアメリカで大きく違うのは、自治体、もしくは第3セクターが運営している球場との関係である。日本では、大リーグ他アメリカプロスポーツの競技施設とは対照的に、球場の運営権を球団が保有していないケースがある。

●横浜スタジアムとベイスターズのリース契約

その典型的な例として、横浜DeNAベイスターズがスタジアムの所有権を購入する前の横浜スタジアムについて記してみたい。

DeNAが、2011年シーズン終了後にTBSからベイスターズを買収して以降、球場のリース契約の見直しが行われ、2016年1月にはDeNAがスタジ

175

アムの所有権を TOB で買い取ることになるのだが、その前、つまり、TBS がベイスターズを保有していたときの球団と球場との契約関係は以下のようなものだった。まず、横浜スタジアムは、総工費 52 億円をかけて建設され、1978 年の開場時から横浜 DeNA ベイスターズ（当時の大洋ホエールズ）の本拠地球場であった。

- 施設は横浜市が所有し、市などの出資による第 3 セクター・株式会社横浜スタジアムが運営管理を行う。
- 球団は、横浜スタジアムの営業権をもたない。つまり、広告看板や、売店のテナントなどの権利は株式会社横浜スタジアムに帰属し、球団は、3 億円程度の営業協力費（選手強化費用の名目）を得る。
- 球団は、試合や練習など、一定の範囲で優先的に使用はできるが、興行を行う際は、チケット収入の 25.5% を横浜スタジアムに納める。
- 横浜スタジアムは、その有価証券報告書によれば、大洋ホエールズが川崎から移転した 1978 年度から一貫して黒字経営を続け、その歴史における最高売上は、ベイスターズが日本一となった 1998 年で、50 億 8200 万円を売り上げ、営業利益 12 億 9800 万円を記録している。
- 経営権が DeNA に移行する直前、2016 年 1 月における株式会社横浜スタジアムの決算は、売上高が 39 億 6300 万円、経常利益 7 億 3080 万円だった。その時点における純資産は 162 億円、うち金融資産が 126 億円、そして一株当たりの配当金 25 円を開場以来、一度も欠かしたことのないという超優良会社だった。

　一方、ベイスターズの経営は一貫して楽ではなかった。特に、21 世紀になってからは、頼みの綱だった巨人戦の放映権収入と露出効果が期待できないなかで観客動員数の減少も著しく、赤字決算が続いた。コンテンツとしての価値も薄れていくなか、親会社の TBS ホールディングスは、2010 年、LIXIL への売却を試みた。しかし、デューディリジェンス（投資対象となる企業や投資先の価値やリスクなどを調査すること）の過程で、横浜スタジアムとの契約が球団運営を非常に難しいものにしていることや、その見直しが難

しいことなどを背景に、暗礁に乗り上げて破談となった。この 2010 年のベイスターズの売上については、LIXIL への売却を試みるなかで明らかにされており、売上が 85 億円で、その内訳はチケット収入 30 億円、放映権が 35 億円、スポンサー収入が 15 億円、グッズが 5 億円、赤字額は 25 億円だった。

　その翌年、DeNA が TBS からベイスターズを買収した際には、横浜スタジアムが球団に対する球場使用料を半額近く（25%〜13%）に引き下げたことや、営業権の一部を球団に帰属させることなどが報道された。その背景として、LIXIL が買収を断念した際、横浜スタジアムとの契約が球団にとって不利であることが大きく報道され、「強欲だ」など批判の声が大きかったこともある。

　もっとも、これはベイスターズに限った話ではなく、プロチームが公共およびそれに準ずる球場で興行をやろうとなると、使用料として 1 試合につき数百万円から 1000 万円を超える金額が課されるのは珍しいことではない。北海道日本ハムファイターズと札幌ドームの契約も、ベイスターズと横浜スタジアムとのそれに近いものである。

●札幌ドームとファイターズのリース契約

　札幌ドームも、DeNA が TOB する前の横浜スタジアムと同様に第 3 セクターである。

　筆頭株主は札幌市で 55%、残りを地元企業が少しずつ負担している構成だ。ファイターズと札幌ドームの契約は、賃料として 1 試合につき 800 万円を支払う。そして、観客動員が 2 万人を超えた場合は、1 人当たり 800 円を札幌ドームに納めることになっていて、2016 年に払った賃料は 13 億円だった。そのほか、練習などでの使用料、警備・清掃費用、コンコースのスペースの使用料、フィールドシートやロッカールームの器材などの設置と撤去費用で 11 億円、広告看板の販売権の買取費用が 3 億円。これらをすべて合わせた、ファイターズが札幌ドームに支払った金額は 27 億円だった。札幌ドームの同年の売上は、同社から公表されており、41 億 4300 万円で経常利益

図7-1　札幌ドームの業績推移

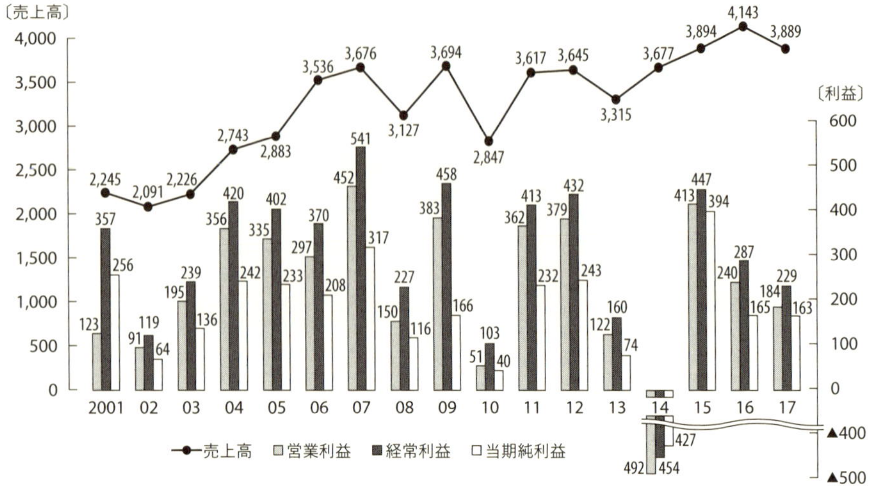

〔売上高〕

年	売上高	営業利益	経常利益	当期純利益
2001	2,245	123	357	256
02	2,091	91	119	64
03	2,226	195	239	136
04	2,743	356	420	242
05	2,883	335	402	233
06	3,536	297	370	208
07	3,676	452	541	317
08	3,127	150	227	116
09	3,694	383	458	166
10	2,847	51	103	40
11	3,617	362	413	232
12	3,645	379	432	243
13	3,315	122	160	74
14		▲492	▲454	▲427
15	3,677	413	447	394
16	3,894	240	287	165
17	3,889 / 4,143	184	229	163

〔利益〕

出所：札幌ドームのウェブサイトより[注102]

は2億8700万円だった。札幌ドームも、横浜スタジアムのように開場してから33年、黒字を続けて配当金を欠かしたことがないというほどではないが、同社がHPで公開している【図7-1】の通り、毎年、安定的に稼ぎ出している。

DeNAのTOB以前の横浜ベイスターズや、北海道日本ハムファイターズなどは、独自のスタジアムビジネスを展開する余地がない。これが北米との大きな違いである。

●民間だけで経営するのは容易ではない

官に頼ってもダメだから民でやるというのは、ごくまっとうな発想だが、スタジアム建設やその維持には多大なコストがかかり、その回収は楽ではない。

ホークスを例に説明を試みたい。福岡ドーム（現在のヤフオク！ドーム）が開場したのは1993年。当時の親会社のダイエーが760億円かけて建設し

た。これだけの投資を、回収せずとも収支トントンでやっていくには、当時の減価償却費25億円、利子29億円、固定資産税7億円の61億円を、毎年、営業利益として出す必要があった。

プロ野球は、平均的な球団の売上は175億円で、トップクラスでも300億円をやっと超えるレベルである。欧米のように、テレビ放映権がドカンと入ってくるわけではなく、チケットやグッズを地道に売るビジネスだ。利益が出れば、ファンへの還元（入場券の値下げなど）や、選手年俸への還元を強く求められる、情緒色が強いビジネスでもある。60億円を超える利益を上げるというのは、プロ野球球団の経営に携わった筆者の経験からするとあり得ない。

その後、福岡ドームは、2004年、親会社のダイエーが経営破綻する過程で、隣接のホテルとショッピングモールとともに3点セットで、米系ファンド会社コロニー・キャピタルの手に落ちた。2007年からは、シンガポールの政府系投資ファンド（GIC）に転売され、2012年、ホークス球団が870億円で買収した。

その間、つまり、ソフトバンクがダイエーから球団を譲り受けた2005年から、ドームの所有権を手にするまでの間、ホークス球団は、ドームの占有営業権の対価として、毎年、50億円を超す家賃を払っていた。これは、ホークス球団として調査した限り、球場使用料としては世界最高額だった。これに、運営にかかるすべての経費、修繕補修を含めた維持費、固定資産税も重くのしかかっていた。当時、経営陣の一人だった筆者は、財務諸表が示すこれらの費用が球団運営にのしかかる負担の重さに、「目指せ！ 世界一」は家賃からか、と嘆息して一同苦笑したことを憶えている。

6 日本でも変化の兆しが見える球団ビジネス

それにしても、米国も日本同様、自治体の財政状況は楽ではない。なのに、なぜ大リーグ球団がこんな好条件に浴することができるのかというと、

ひとつに、そうでなければ球団が他の都市に移転してしまうかもしれないという事情がある。

実際、こうした例は枚挙に暇がなく、シカゴ・ホワイトソックスは、「税金で専用球場を建ててもらえないのであれば、フロリダ州タンパに移転する」と公言し、揺さぶりをイリノイ州とシカゴ市にかけ続け、球場建設の全費用および毎年の運営費用として、最大1000万ドルまで税金で負担させることに成功した。

また米国は地方自治の国であり、地方自治体の徴税権に関するフレキシビリティーは日本より格段に高いこともある。消費税ひとつとっても、その権利は自治体に属し、たとえばニューヨークのように8.25％のところもあれば、オレゴン州のように0のところもある。

米国では、スポーツ団体が政治を動かす力が大きいこともある。球場に税金を投入するかどうかは議会、時には住民投票の判断に委ねられることになるが、MLBはじめ北米プロスポーツ団体は、中央、地方ともに、専門のロビイストを雇い、代議士には献金、学者などの識者には研究活動の支援など、日頃から対策に余念がない。MLBが2016年にロビー活動に費やした金額は、中央機構（コミッショナー事務局）から連邦議会へのものだけでも132万ドルにのぼる。^{注103}これに加えて、各球団は州議会などの地方議会へのロビー活動を行う。シアトル・マリナーズが新球場（現在のTモバイル・パーク）を建設する際、税金を投入するかどうかで揉めた際、一度は住民投票で却下されながらも、議会でマイナーチェンジのうえ、案を復活させて通過させたのはこの好例といわれている。

いずれも、日本では現実的ではないだろう。自治体もしくはその外郭団体が年間予約席を買おうものなら、たとえそれが職員の福利厚生費の予算内で、どうせ使うならば地域貢献も兼ねて地元球団の支援に使おうということであっても、血税を何と心得る、とオンブズマンの激しい糾弾に晒されることもあるお国柄だ。加えて、日本は国土も狭く、中央集権の国である。米国のように、広大な国土に散らばる各自治体が、その魅力を他都市と激しく競

い合うという構図は考えにくい。また、移転をちらつかせるようなえげつない交渉は国民性にも合わないだろう。

　ただし、日本流に穏当なかたちではあるが、変化の兆しはある。Ｊリーグは発足時からその理念として、公共性とスポーツ文化を前面に押し出した結果、幾つかのクラブが、公共スタジアムの使用料減免や、税金による資本注入など公金による援助を受けるにいたっている。そのＪリーグに端を発し、地域のアイデンティティとしてのプロスポーツの重要性あるいは公共性が認められつつもある。

　たとえば、東北楽天ゴールデンイーグルスが、県営宮城球場をフランチャイズに定めるにあたって、都市公園法５条の管理許可に基づいて、年間5000万円の球場使用料と引き換えに占有営業権を得るというアメリカ型の契約を成就した。もっとも、修繕・補修を含めた球場運営費を負担するなど、MLB所属球団に比べればまだまだだが、NPB球団としては出色の契約で、最初にしっかり交渉すれば、日本の自治体を説き伏せることも可能であることを示した例といえよう。

　千葉においても、横浜スタジアムに類似した契約に苦しんできた千葉ロッテマリーンズは、2006年から千葉マリンスタジアムの指定管理者となり、球場ビジネスを展開できるようになった。指定管理者制度とは、公共施設の運営を協定によって民間事業者に委ねる手法である。管理・運営を自治体から任されることにより、スタジアム運営についてもチーム独自の工夫を凝らすことができるようになる。具体的には、スタジアム内の売店、看板広告の自主運営、設備（観客席・アミューズメント施設等）をある程度自由に変更できる。とりわけ広島東洋カープは、市営の新球場（マツダスタジアム）の設計段階から、指定管理者としてスタジアムの管理・運営を任されることを前提にコミットした。エンターテインメント性溢れるマツダスタジアムは、2009年に開場するや否や、観客の心をわし掴みにし、売上はその前年の71億円から117億円に大きく増え、2017年には売上高188億681万円、当期利益12億9705万円と過去最高を記録するまでになった。また2017年と

2018年は全試合、全席ソールドアウトだった。

7 地域密着がスポーツ産業興隆のカギ

　本章では、アメリカのプロスポーツが、民間営利企業であるにもかかわらず、本拠地を構える自治体から税金による支援を受けている状況を報告し、その背景について分析した。

　アメリカにおける4大プロスポーツ＋MLSは、その本拠地スタジアムの多くが公設であり、1990年〜2017年の間に、5団体計129のスタジアムが建設され、その費用の53％が公金だった。

　その典型的な例として、ミラーパークに対する自治体による税金支援の概要を検証した。土地は自治体から無償供与され、スタジアム建設費用についても77.5％が自治体負担だった。その資金は、地方債の発行で賄われ、返済資金は消費税の増額で捻出するスキームである。ブリュワーズは、年間90万ドルの家賃を支払うことで、独占使用権を有している。

　プロスポーツ球団の専用球場を税金で建設する潮流を生む契機となったのが、1988年着工92年完成のボルティモア・オリオールズの本拠地球場カムデン・ヤードである。同球団は、税金による新球場の建設がなければ、他の都市へ移転することを交渉材料にして、税金を引き出した。

　民間営利企業であるプロスポーツ球団を税金で支援することについては、アメリカでも議論されてきており、そうする根拠のひとつである経済効果については、多くの経済学者が研究対象として分析しており、投資に見合う経済効果はあり得ないというのが常識となっている。それにもかかわらず、多くの自治体が、公金によってスタジアムを建設することで、プロスポーツ球団を誘致する、あるいは引き留めている背景のひとつとして、スポーツ球団が地域にあるのはいいものだという、つまり考え方によっては経済効果よりも大きな効果をもたらす存在であると認識されていることがある。

　こうした効果を実感できるのが、アメリカの小規模都市におけるマイナー

球団（MiLB 球団、独立リーグ球団）である。地域の住民が集い、楽しめる場所であるという地域コミュニティによる認知がなされた結果として、自治体が税金でスタジアムを建設し、運営費についても下支えをしている。その事例として、MiLB 球団のレディングとサウスベンド、独立リーグ球団ゲーリー・サウスショアに対する公金支援の状況を、そこにいたる経緯も含めて検証した。

　日本においても、NPB はじめ多くのプロスポーツ球団が公設球場を本拠地としているが、プロスポーツ球団に対する税金支援については、アメリカと状況が大きく異なる。

　その特徴のひとつとして、球場の運営権をプロスポーツチームがもっていない事例を、横浜 DeNA による TOB 前の横浜スタジアム、そして現在の札幌ドームの事例を検証した。また、ヤフオク！ドームの事例をもとに、スタジアムの建設から運営までをプロスポーツ球団が行って、なお収支を黒字にするのは極めて困難であることも検証した。

　アメリカの自治体がプロスポーツ球団を税金で支援する背景に、プロスポーツ球団が、先に挙げたコミュニティ醸成という、ある種、自治体の機能を代替していることに加えて、アメリカにおいては、徴税権を含めて自治体の権限が大きいこと、都市間競争が激しいこと、プロスポーツ球団が政治団体としての機能も有していることを挙げた。

　一方、日本においても、Ｊリーグが公共性を旗印に税金による支援を得てきたことから、地域密着することでプロスポーツも地域コミュニティに必要な存在であるとの認知が高まりつつある。その結果として、東北楽天ゴールデンイーグルスが、都市公園法 5 条に基づき、千葉ロッテマリーンズが指定管理者となることで、公設球場の運営権を取得している事例を検証した。

第 **8** 章

日本に野球観戦文化を
根付かせるために

1 「経済効果」は現実を反映していない

　第一に指摘しておかなければならないのは、地域密着のプロスポーツチームは経済的な側面だけを取り上げるなら、その地域にほとんど貢献していないという点である。

公共投資理論によるアプローチ

　たとえば公共投資理論をもって検証してみよう。

　ある町が100億円で球場を建設する。耐用年数は30年、もしくは30年後に老朽化ゆえに使用に耐えられるものではなくなるとする。建設費用は市債。元利均等返済で、耐用年数の30年を償還期限として、年利3％とすると、毎年の支払いは5億円ほどになる。つまり、毎年、5億円以上の純利を得れば、初期投資の費用は回収できる。

　ただし、厳密に言うと、話はここで終わらない。投資の観点では常に機会費用を考える必要がある。この場合で言えば、資金をスポーツ施設に投資せずに、他のものに投資した場合に得られる額を勘案する必要があるということである。

　たとえば、100億円の資金を、球場建設に使う代わりに、年利回り3％の30年の長期国債に投じたとすれば、毎年3億円を得ることができるばかりか、30年後には100億円がそのまま償還される。

　これを上回るだけの投資効果を球場の運営によって得るには、初期投資の回収に必要な5億円に加え、長期国債に投資した際の年利3億円、更に30年後の将来価値100億円に相当する毎年の純利が2億1000万円、総計10億1000万円を毎年生み出すものでなければ、正しい投資とはならない。

　つまり、球場から発生する利益の所在にもよるが、球団他からのテナント料、看板広告料、駐車場料金などから毎年10億1000万円を回収しない限りは、投資に見合う効果を得ることができないということだ。

　ただし、地方自治体の場合は、民間企業とは違い、スポーツ施設そのもの

第8章　日本に野球観戦文化を根付かせるために

の損益だけで投資判断をするわけにはいかない。費用面で言えば、たとえ
ば、施設周辺の渋滞、治安などを勘案する必要がある。

　また、メリットで言えば、住民のアイデンティティの向上、地域活性化な
ど、必ずしも経済的な測定ができないものもあるが、球場周辺の飲食店、交
通機関など、人が動き、モノが動くことによる経済効果も見逃せない。

　そこで登場する概念が、経済効果である。「経済効果」の言葉自体は、日
本国民の間に広く浸透したものである。空港や新幹線、高速道路をはじめ、
公民館、スポーツ施設などの大規模な建設に始まり、ワールドカップやオリ
ンピック、博覧会、更にはプロ野球球団の優勝、キャンプなど、ありとあら
ゆる特別行事に際して、必ず、どこかで誰かが経済効果の測定を行い、その
結果が報道されてきている。

　しかし、指標としての「経済効果」の問題点は、直接効果の算出において
代替消費を考慮に入れていないため、出発点の数字が大きすぎることや、そ
の数字に乗数をかけて波及効果を算出して、それを足してしまうことから、
現実離れした数字を生み出すことで、期待を醸成してしまうことだ。

　たとえば、プロ野球興行の場合でいえば、宮城県が、東北楽天ゴールデン
イーグルスの経済効果について、毎年詳細なデータを公開している。^{注105}

　その概要を抜粋すると、以下のようなものになる。

　2016年シーズン終了による観客数の確定を受け、アンケート調査や楽
天野球団からのヒアリングを基に、東北楽天ゴールデンイーグルス一軍ホ
ームゲームの開催が宮城県内にもたらした経済効果を推計した。

　推計に当たっては、観客動員実績を基に一試合当たりの観客数を
22,652人、アンケート調査結果から観客一人当たりの消費額を7,467円
（日帰り客）とし、一軍ホームゲーム開催時の観客消費による経済効果を
宮城県産業連関表（平成17年）を用いて算出した。

　その結果、ゲーム開催による観客の入場料、交通費、飲食費やグッズ購
入費などに伴う直接効果が約129億円、直接効果から生じる各産業への
波及効果（1次、2次）が約84億円、合わせて約213億円の経済効果と推

187

計した。

こうした経済効果が、実際ははるかに小さいか、場合によってはマイナスであることについては、米国の経済学者が多くの論文を発表している。たとえば、John Crompton と Dennis Howard（2013）は、代替消費と機会費用そして受益者と負担者の不一致を考慮に入れると、スポーツ興行による経済効果はむしろマイナスであると結論付けているほか、Andrew Zimbalist（2004）[注107]も、MLB球団の誘致が、地域に経済的な効果をもたらさないことを詳述している。

2 スポーツ球団が地域にあることの意義

　このように、プロスポーツチームの地域経済効果はほとんどないのだが、誤解のないように言えば、それで構わないのである。たとえば、公園や公民館をつくるのも、自治体の仕事だが、さて、こうしたものは利益を求めるのだろうか。雇用が発生するから行うのだろうか。無論、受注する事業者および周辺の商業者は、人やモノが流れることで潤う、そんな算盤をはじくだろう。しかし、行政の視点は、地域に豊かな社会そして文化を創る一環として考えるというものになる。

　現代は、個人主義が根付き、人と人との触れ合いが極めて乏しい社会である。地域が一体となることも、共通の話題をもつことも、普通の生活のなかで作り出すのは簡単なことではない。

　スポーツ球団が地域にあることの意義はまさにそこであろう。

　第7章でアメリカにおいて、民間企業であるプロスポーツ球団のスタジアム建設に巨額の税金が投じられている旨、詳細を記した。それは、アメリカは個人主義が世界で最も進み、その乾いた人間関係と激しい競争ゆえ、成人の6人に1人が鬱病に悩んでいるといわれる社会であることと無縁ではないのではないか。つまり、アメリカで、費用対効果を度外視して、それも球団

188

第8章　日本に野球観戦文化を根付かせるために

の保有者は例外なく富裕者であるにもかかわらず、球団を町に引き留めるために大量の税金が投じられているのは、球団が、喪失したコミュニティやアイデンティティといったものをつなぎ留める最も有効な手段だと考えているからではないかということだ。

　日本においても、地域の喪失が言われて久しい。筆者の7年の滞米の経験で言えば、アメリカよりも個人主義の色が強くなっているように思う場面もしばしばだ。たとえば、アメリカでは、集合住宅などでは頻繁にパーティーを行い、人と人とのつながりを創出しようという動きが各所で行われている。小中学校などにおいて、各親にPTAの役割を義務付けるなどもその一環と考えることもできる。一方、日本では、共同作業が必要な農耕文化だからそうなったという説があるが、元来、近所の目や付き合いに重きが置かれてきた。それが今や急速に失われ、隣近所がどのような人かも知らなければ知ろうともしない。

　また、特に戦後において、そうした共同体の代わりを果たしてきた会社も、雇用慣行の変化とともに、その役割を急速に失おうとしている。「グローバライゼーション」もそこに拍車をかけている。グローバライゼーションは、情報・ヒト・モノ・カネの洪水のなかに個を埋没させる動きである。

　一方で、人間は自分が何者であるかの認識を欲する。つまり、個を埋没させる流れのなかにいればいるほど、人と人との直接的なつながり・交流をより欲するようになる。そこで生身の人間としての存在を確認できる近所＝地域の重要性がより大事になってくるのである。EUが好例だ。イギリスは国民投票でEUからの脱退を選択した。ドイツ、フランス、オランダなどでも極右の勢力が増している。それは、ボーダーレスが進むなか、人々のアイデンティティに対する意識が強まったことと無縁ではない。こうした環境だからこそ、地域がこれまで以上に重要になることを多くの識者が声高に叫び、また世の趨勢も、そこに疑念を挟むものは少ない。

　結論としては、球団の地域の経済発展への直接の寄与はごく限られたものでしかない。

しかし、特定地域（例えば荒廃したダウンタウン）の（再）開発、都市のイメージや住民のアイデンティティの確立、健全な娯楽の機会の増大など、必ずしも数値化して測定できない部分での貢献は決して小さくはない。また、それこそが、「地方の時代」を達成するのに最も必要とされているものであろう。

　日本の独立リーグの1試合平均観客動員数は600人台で、アメリカのマイナーリーグのそれに比べて1ケタ違う、非常に少ない状態にある。日本において地域の小規模プロスポーツを日常の娯楽として観戦することが文化となっていないことについては第4章で詳述したが、そこには、そういう雰囲気を生み出す装置が少ないこともあるだろう。政府が打ち出した日本再興戦略2016において、スポーツの成長産業化が掲げられ、そのためには、スポーツ施設の魅力・収益性の向上が必要であることが指摘された[109]。そして、日本再興戦略2016を受けて、経産省とスポーツ庁が2017年に発表した「スタジアム・アリーナ改革ガイドブック」においては、「現在のスポーツを観るための公共施設は、観客の快適性・利便性やスポーツチームの営業活動よりも、公的負担の軽減や公共性の確保（地域スポーツへの開放や使用料の減免等）に過度に比重が置かれる傾向にある」ことと「観る観点からの高付加価値のサービスを提供している施設は乏しかった」ことを指摘し、「このことは、我が国のスポーツの成長産業化を抑制していた一因となっている」と踏み込んでいる[110]。

　もっとも、日本には既に3618の大規模野球施設があり[111]、今から新しい球場を建造するのは現実的ではないが、政府がその経済成長戦略の重点項目として、地域活性化の核としてスポーツを捉えたことと、そのためには、エンターテインメントや思い出となる出来事を提供するためのスタジアムの必要性を認識したこと、そしてスポーツ庁が設置されたことにより、その旗振りを担う部署が誕生したことから、今後の展開が期待できる状況にはあるだろう。

第8章　日本に野球観戦文化を根付かせるために

3　独立リーグがもたらした 野球界における労働市場の流動化

　社会人野球における企業チームは、NPBへの選手の人材供給源という意味において、MLBにおけるマイナー組織と同様の機能を果たしてきた。しかしながら、バブルの崩壊および雇用体系の変化により、企業チームの数は1990年代後半から急激に減少し、その結果、NPBの人材供給市場が縮小するなかで、独立リーグは、その受け皿としての役割を担い、NPBの人材供給源として、76名もの新人選手を輩出し、存在意義が高まっていることを第3章で詳述した。

●多様化が進む選手構成

　そして、独立リーグがNPBに人材を供給しているのは、新人選手だけではない。多くの元NPB選手がプレーしている。2018年には、かつて2度も本塁打王に輝き、巨人（読売ジャイアンツ）ではキャプテンも務めた村田修一がプレーしたことが大きく報道されたが、この2018年には、23名の元NPB選手が独立リーグでプレーした。

　勿論、そのすべてがNPBへの復帰を目指しているわけではないだろうが、独立リーグの野球界における労働市場の多様化と流動化への貢献度は大きい。村田修一はNPBへの復帰とはならなかったが、復帰を果たした選手もいる。阪神タイガースを自由契約になり、2017年からBCリーグの福井ミラクルエレファンツでプレーしていた岩本輝が2018年7月にオリックス・バファローズと契約を結び、NPB復帰を果たし、翌8月には公式戦で勝ち星を挙げた。元NPB選手は日本人だけではない。2018年に独立リーグ球団と契約した元NPB23名のうち4名が外国人選手である。そのなかで、2014年〜2015年まで広島カープに在籍していたデュアンテ・ヒースは、メキシカン・リーグを経て、2018年シーズンから富山サンダーバーズでプレーをしていたところ、5月に西武ライオンズと契約を締結し、クローザーとして活躍した。

191

以前であれば、NPB の選手が自由契約選手となると、引退するか、海外のプロリーグに挑戦するしか選択肢はなく、日本国内においてはプレーを継続する道はほとんどなかった。1999 年以降は、社会人野球が元 NPB 選手の出場を解禁したことで、労働市場の流動性に大きな変化が見られたが、登録は 1 チームにつき 3 名までであり、また社員としての雇用が条件であったり、NPB へ復帰するためには最低でも 2 年間プレーすることが必要であったりなど、NPB への復帰を目指してプレーする場所ではない。

　これに対して、独立リーグは、野球を生業としたいあらゆるバックグラウンドの選手を受け入れる態勢を整えている。先に元 NPB 選手の存在に言及したが、高校中退者、大学中退者、あるいは社会人野球で登録を外れた選手で、社業に専念するより野球の夢を追う道を選んだものなど、第 2 章で詳述したように、従来であれば、本格的な野球を継続するのが困難な状況にある選手が夢を追い続けられる場所として、野球における労働市場の充実に大きく寄与しているのである。

　高校中退者や大学中退者は、学生野球連盟との申し合わせにより、中退した年のドラフトでは対象選手にできないことになっている。また、社会人野球の選手は高卒で 3 年、大卒で 2 年を経過しないと NPB と契約はできない。

【表8-1】にあるように、外国人選手が NPB の登竜門として、その門を叩く例も増加している。2007 年度にはゼロだった外国人選手が、2018 年の開幕時点では 25 名と 10% を占めている。そのなかには、先述のヒースのような元 NPB の選手もいるが、NPB 球団の目に留まることを願い、日本の独立リーグでのプレーを選択し、来日する選手もいる。その元祖が、ベネズエラ出身のフランシスコ・カラバイヨで、2009 年に四国アイランドリーグの高知ファイティングドッグスと契約し、翌年は BC リーグの群馬ダイヤモンドペガサスに移籍し、圧倒的なパワーで本塁打を量産していたところに目をつけたオリックス球団が契約するにいたった。その後、カラバイヨは、2 度にわたってオリックスと契約をし、2018 年、ダイヤモンドペガサスでシーズ

ンを過ごしたのち、引退した。

表8-1　ルートインBCリーグ選手、出身の比較（2007年度と2018年度）

■2007年度

出身	人数	割合
高校	7	7.0%
大学	33	33.0%
社会人	60	60.0%
外国人	0	0.0%
計	100	

■2018年度

出身	人数	割合
高校	44	17.7%
大学	85	34.3%
社会人	94	37.9%
外国人	25	10.1%
計	248	

※「社会人」は、企業・クラブチーム・NPB・独立リーグ込み

出所：ルートインBCリーグ提供の資料より

　独立リーグがもたらした野球選手の労働市場の流動化は、野球界全体の労働市場の弾力性の向上につながっている。たとえば、社会人野球は、2014年、それまで設けていた独立リーグ出身選手への制限を大幅に緩和した。それまでは、独立リーグをプロ野球と定義し、社会人野球の加盟チームの選手の独立リーグ入りや、独立リーグ退団者の日本野球連盟加盟チームの選手登録について、NPBと同様に、プロ退団選手として登録人数（1チーム3名以内）が決められていたが、この制限の適用外とした。また登録については、これまで退団翌シーズンは認められなかったが、アイランドリーグ、BCリーグの退団者に対しては、この規定を適用しないことにした。これにより、社会人野球の加盟チームは元独立リーガーの受け入れが容易になり、独立リーグの選手にとっても、退団後も野球を続けるうえでのハードルが下がった。

●野球指導者の人材バンクとしても機能

　2012年から、NPB育成選手の出場機会の創出のために、独立リーグへの派遣ができるようになった。プロ野球側は1球団4名まで派遣が可能で、独立リーグの1球団が受け入れられる人数は最大5名。入団1年目の育成選手は除かれる。シーズン途中からの派遣や途中での入れ替えも可能で、選手の

給与はプロ球団が負担するというしくみである。この制度により、2018年までに26名のNPB育成選手が独立リーグに派遣されている。

　独立リーグは、野球の指導者の人材バンクとしても機能している。アイランドリーグの坂口理事長によれば、発足した2005年から2015年までの11年間で、14名の指導者、9名の審判員、23名の球団スタッフをNPBへ送り出している。BCリーグも、発足した2008年から2016年までの9年間で、26名の指導者、9名の審判員をNPBに輩出している。

　指導者については、アイランドリーグ、BCリーグともに、監督はすべてNPB出身者であり、コーチもほとんどがNPB経験者である。BCリーグは、2018年シーズンの監督・コーチ40名中33名がNPB出身者である。そこで指導者として経験を積み、NPB球団が指導者として迎えるというのはひとつのパターンである。近年では、NPB球団が、年俸を肩代わりして、指導者としての経験を積ませるために派遣するケースもあり、2018年シーズンでいえば、石川ミリオンスターズの監督（武田勝）は北海道日本ハムファイターズから、信濃グランセローズのコーチ（有銘兼久）は東北楽天ゴールデンイーグルスからの派遣である。

　審判については、アイランドリーグ、BCリーグは、NPBと研修契約を結んでおり、NPBのアンパイア・スクールで合格したものは、両リーグで研修審判員として2年間の研鑽を積むことになっている。2018年には3名のNPBアンパイア・スクール修了生のうち、2名がBCリーグ、1名がアイランドリーグに研修審判員として派遣された。

●トリプルミッション・モデルを提唱
　平田、中村は、競技の発展には、一定の理念をもとに「勝利・普及・資金獲得」という「3つのミッション」を好循環させることが必要だとするトリプルミッション・モデルを提唱している[注112]【図8-1】。
　このトリプルミッション・モデルを野球界にあてはめた場合、独立リーグ

は、NPB球団がない地域に存在しており、野球に触れるきっかけをつくり、野球観戦という文化を根付かせようとしていることであり、それはまさに野球普及活動である。また発足以来、NPBに多くの選手を送り込んでおり、選手の発掘と育成にも寄与している。このことから、トリプルミッション・モデルの循環に寄与していることは間違いないだろう。

図8-1　トリプルミッション[注113]

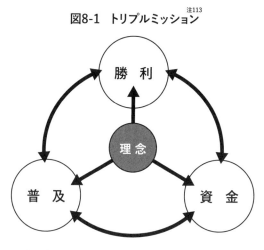

また、NPBがない地域において、新たなステークホルダーを生み出していることも自明だろう。つまり、選手、監督やコーチなどの指導者、審判や

図8-2　逆台形モデル[注114]

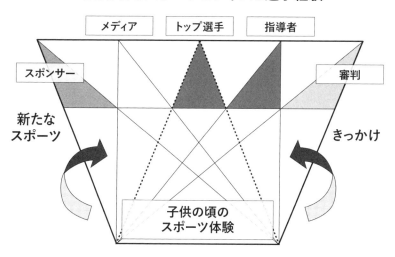

ドクターやトレーナー、メディア、スポンサーなど、野球を支える新たな人々を生み出している。これは、平田（2017）が提唱する逆台形モデル～スポーツに触れるきっかけを新たに作ることにより、競技を発展させるための構造を構築する～に合致している。つまり独立リーグは、逆台形モデルにあてはめてみても、産業としての野球の発展に寄与していると言えるのだ。

4 独立リーグがNPBの育成組織として生きていく道

●年々高まる独立リーグの存在感

発足して13年あまり、このように、NPBの人材バンクあるいは人材養成所として、独立リーグの存在価値は年を追うごとに大きくなっている。

そして、ここまでの記述を踏まえ、その関係性をあらためて考えると、NPBと独立リーグの関係は、MLBとMiLBとのそれに近くなっている。

MiLBの指導者はMLB球団が派遣する。また、MiLBの審判は、MLBが養成目的で派遣している。違うのは、MLB球団が獲得した選手を育成する場であるMiLBに対して、日本の独立リーグは、NPB球団が獲得するための人材プールである点である。

無論、日本の独立リーグが、アメリカの独立リーグと同じように、トップリーグ球団との契約を失い、そこに戻るための仮の居場所という側面はあるが、選手のほとんどは、程度の差こそあれ、トップリーグであるNPBのドラフト会議で指名を受けることを夢見てプレーしている。

このように、独立リーグとNPBとの関係が、MiLBとMLBとの関係のように、お互いが必要としている重要なパートナーになっている現下、MiLBとMLBのような傘下契約を結ぶ可能性について検討してみたい。

具体的には、第5章でつまびらかにしたMLBとMiLBの間に結ばれているように、選手育成契約（Player Development Contract、PDC）を結ぶ。

PDCのもと、MLB球団は、傘下マイナー球団の選手・指導者・トレーナーなどのチーム・スタッフの人件費と福利厚生、ボールやバットなどの用具、備品の費用を負担する。一方、マイナー球団は、メジャー球団から預かった選手を"元手"に独立採算で、興行に伴う経費（球団フロントの人件費、球場の運営費、遠征費等）を捻出する。このスキームのもと、160のマイナー球団が、独立採算の経営を行っている。

　こうすることによる利得は独立リーグ、野球のトップリーグであるNPB、そして地域（行政）それぞれにあると思われる。

●独立リーグがNPBの傘下になるメリット

　まず独立リーグ球団の財政の安定に大いに寄与するだろう。第4章で示した財務諸表の通り、独立リーグ球団の平均赤字額は、この3年、590万円（2015年）、342万円（2016年）、1828万円（2017年）と推移している。PDCに基づき、チームにかかる費用をNPB球団が負担することになれば、選手人件費2500万円前後、監督・コーチ人件費1500万円前後、用具消耗品費1000万円前後、合わせて5000万円前後の経費が差し引かれることになる。この5000万円を各球団の財務諸表にあてはめてみると、すべての球団が悪くとも営業収支はブレークイーブン以上になり、基本的に利益を生む構造が出来上がる。

　加えて、NPB所属のファーム選手は、独立リーグの選手よりも知名度ははるかに高く、甲子園や東京六大学で鳴らした話題の選手も多々そこでプレーすることになるだろうから、平均観客動員も、現状のような600人前後ということはなくなるだろう。福岡ソフトバンクホークスが、人口5万人に満たない筑後市のファーム施設で平均2000人以上を動員していることを考えれば、その多くが県庁所在地に本拠地を構えている日本の独立リーグは、それと同等かそれ以上の観客を集めることも不可能ではないように思われる。

　そうなれば、MiLBや米国の独立リーグのように、エンターテインメント性の向上のために資金を投下することができるようになり、好循環を構築で

きる可能性は高まるだろう。

NPB 球団にとっても利得は大きい。まず、トリプルミッション・モデルにおける、スポーツビジネスの成功のカギとなる3つのミッションのひとつである普及が、より充実することである。独立リーグ球団が、NPB 球団がない地域において野球の普及活動の役割を担っていたことは先に記した。観客が増え、その収益をエンターテインメント性の高い感動空間の演出に投下できるようになり、それがまた観客を呼び込む拡大再生産の構図が出来上がれば、ステークホルダーの数も増え、逆台形はより充実したものとなるだろう。

費用面においても NPB 球団には利得があるだろう。現在、ファームの運営費用は（二軍だけと仮定）、移動費、宿泊費、配送費、クリーニング、ケータリングを主なものとして、1億円～2億円の間というのが相場である。一般的に下限に近いのは、関東を中心にしているため、遠征費の少ないイースタンリーグ所属球団であり、上限に近いのは名古屋から福岡まで広範にわたるウエスタンリーグの球団である。この運営費用は、そっくり独立リーグの負担となるから、NPB 球団の財政を軽くすることになる。

行政にとっても、独立リーグが地域の健全な娯楽として安定的に運営される利得は大きい。本章において、地域のプロスポーツクラブは行政の機能を代行できることを記した。とりわけコミュニティの再構築やアイデンティティの醸成という、行政にとって極めて重要な機能を担うことができる。しかし、そのためには、実際に観客がそこに足を運び、日常の話題のひとつとなるくらいの存在感が必要だ。NPB の傘下となることによって、存在感は確実に高まるだろう。

●なぜ、NPBとの選手育成契約は実現しなかったのか

無論、細かい詰めは少なからず必要となる。たとえば、どの NPB 球団がどの独立リーグ球団と PDC を結ぶか。2019 年時点で、独立リーグ球団は、

アイランドリーグ 4、BC リーグ 11 である。アイランドの立地から考えれば、西から順にソフトバンク、広島、オリックス、阪神ということになるだろうが、BC リーグには滋賀があり、オリックス、阪神からすると、ファンの親和性や隣接性から見て滋賀が良いということにもなるだろう。また、NPB 12 球団に対して、独立リーグは現在 15 球団で、2020 年から 16 球団となることから、NPB 球団の傘下になれない球団が生じる可能性もある。このあたりの調整も必要だろう。

　しかしながら、アイランドリーグを創世記から自己資金も含めて財政面で支えてきた前理事長である鍵山誠氏、現理事長の坂口裕昭氏、そして BC リーグ代表の村山哲二氏は、もしも NPB と PDC を結べるのであれば、あらゆる障害は、独立リーグ側として克服する用意があると口を揃える。実は、筆者が福岡ソフトバンクホークス球団の取締役だった頃から、複数の NPB 球団と独立リーグ球団の間で、時には NPB 機構も入り、その可能性について議論を重ねた時期がある。アイランド、BC の両リーグとも、上記に示したような NPB の傘下球団になる利得は、それに伴う幾つかの障害を乗り越えるのに十分すぎるものであるというのがその結論である。
　また、NPB 球団にとっても、現在のファームは、ソフトバンク、巨人、日本ハムなど、興行を行っている球団はあるが、それでも、すべての球団においてコストセンターであり、利益を生める状況にはなっていない。結果として、日本のプロ野球が、ほとんどすべてにおいて模範としている MLB のような、地域に深く入り込んだ重厚なファン層を獲得できていない。

　それではなぜ PDC が実現できていないのかというと、NPB 側の足並みが揃わないというよりも、リーグとしての意思決定がなかなかできない独特な体制に原因がある。NPB の決定のプロセスは、代表者レベルが集う実行委員会での承認が必要だ。更に、NPB 機構のことや共通利害に関する重要事項はその上のオーナー会議の承認を要する。そうするとほとんど全部ではないか、との指摘もあるが、実行委員会において、これはオーナー会議で承認

をもらったほうがいいね、という空気になると、そうなる。

　ファーム組織を独立リーグに運営委託する件ともなれば、重要事項として、オーナー会議に申し送りされることになる。実行委員会、オーナー会議ともに、決議には３分の２の球団の賛成が必要で、重要事項の決議には４分の３の賛成が必要となる。問題は、ここで誰が発議をするかということもあるが、もうひとつは決議を取ることはほとんどしないということである。誰が発議をするかということについては、NPBか個々の球団からということになるが、NPBからの発議はほとんどない。

　なぜならば、NPBは、MLBなどのように全体利益を追求する役割をもっていない。MLBは、各球団の権利運用の委託を受けて、全体利益を底上げして各球団に還元するために、所属球団と統一の代理店契約を結んでいるが、NPBはそのようになっていないし、そうするための機能・部署・人はおらず、事務局としての役割に留まっている。では個別球団からの発議となると、他球団は、利益誘導ではないかなどの疑念が先に立ち、調整は困難を極める。とどのつまり、大きな問題が生じていない現状において、膨大な労力をかけて変えようという動機はあまり高くなく、そうなったほうがいいかもね、とは思っても行動を起こさない。

　やらない理由はある。たとえば、選手の管理責任をどうするのか、わざわざ整備した球場施設はどうなるのか、などである。NPB 12球団は、練習施設、トレーニング施設を備え、栄養学に基づいた食事が朝昼晩提供される寮を完備しており、新人選手はそこで数年間過ごすことになる。この管理体制と同じものを独立リーグ球団が用意できるのかどうかといえば、今それを実現することは不可能だし、そのための投資をするには、NPB球団との傘下契約が中長期にわたって約束される必要があるだろう。またNPB球団は、二軍でも専用の練習施設（グラウンドと室内）が使用できる体制になっているが、これも独立リーグ球団で今用意できるのはごく一部である。しかし、実はこれらの問題は、NPBと独立リーグとの傘下契約を結ぶことを決めてしまえば、ほとんどが解消できる問題である。寮はマンションなどを借り上

げてしまえばいいし、そこに栄養士と管理人を雇っても、従来の合宿所（寮の）の運営費とさして費用は変わらないだろう。室内練習場も雨風をしのぐレベルであれば、2億円もあればプロの使用に耐えるものは建設できるから、5年で償却したとすれば年間4000万円であり、独立リーグに運営委託をすることによるファーム運営費用の削減額よりも少ない。

NPBは12球団で構成されており、その意思決定は12球団に委ねられている。協約では、先に記したように3分の2、4分の3の賛成が必要というルールはあるが、実質的には全会一致である。現在は、観客動員数も実数発表以降の史上最高を更新し続けており、経営状況も悪くなく、国内最大の観るスポーツとしての地位を脅かすような危機が眼前に迫っているような状況ではなく、自ら変革をする時期ではないのだろう。

●クロフネによる変化の可能性

外部から変革を迫られる可能性をひとつ指摘しておこう。

実は、独立リーグに対しては、MLBから、傘下に入ることを継続的に打診されている。MLBは、1990年代以降、市場を海外に拡げることに熱心に取り組んでいる。たとえば、オーストラリアにおいては、セミプロリーグに資本を投下して、北半球が冬の間にリーグ戦を展開している。めぼしい選手はMLB球団と契約してアメリカのMiLB球団で腕を磨くという、中南米で展開してきたのと同様のスキームだ。更に、現地で公式戦を開催したり、各地で野球教室を展開するなど、MLB人気を高めるためのマーケティングを展開している。野球不毛の地である中国では、無錫にアカデミーをつくり、各小中学校における野球教室を中心とした普及活動で素質のある子供をそこに送り込み、将来の中国人メジャーリーガー誕生への布石を打っている。

MLBが日本で考えているのは、中南米やオーストラリアと同様の展開である。両リーグともにこれまでのNPBとの関係を考えて、オファーに対してYesと答えていないが、手を挙げれば、MLBはいつでも傘下契約を結ぶ用意はできている。NPBよりもMLBのほうが、より早い段階から独立リーグの存在意義について、高く評価していたのだ。

筆者は、独立リーグは、MLBの傘下となることを、前向きに検討すべきであると考える。NPBは上記のような状況、構造のため、PDCの方向に動くことは、当面はないだろう。一方で、独立リーグの経営が安定することは、地域の野球の普及と、地域社会に健全な娯楽を提供することによる地域のコミュニティの再構築に寄与できるという意味において、野球業界のみならず、社会的に意義のあることだと考えている。

　第2章、第3章、第7章で記してきたように、企業の経営体質が変化するなかで、社会人野球の企業チームの数が大きく減ったことから、学生選手が禄を食みながら野球を継続する場は大きく縮小した。この10年ほどは減少に歯止めがかかっているが、この先も、1990年代後半から2000年代にかけて起こったような休部・廃部が相次ぐかはわからない。

　当時、野球だけに限らず、企業スポーツ（実業団チーム）の数が劇的に減少した理由は、経済環境の変化によって、社員選手による企業チームを維持できなくなったことと、終身雇用が崩れつつあるなかで「職場結束の象徴」としての「我が社のチーム」の存在意義がなくなったということだった。つまり、また日本企業を取り巻く経済状況が悪くなれば、加速する可能性はあるだろう。

　企業チームの減少のなかで誕生した独立リーグは、10年以上にわたって社会人野球の衰退をフォローし、有力な選手の受け皿になってきた。独立リーグがなくなれば、特に地域での「野球離れ」は決定的になることが危惧される。野球人口の減少は深刻で、中体連（日本中学校体育連盟）の調査によれば、2009年から2017年までの8年間の間に、中体連が公表した競技別加盟生徒数の推移における軟式野球の減少率は43％である。少子化といっても、その間における中学生の男子人口の減少率は7.3％である。実際、その間に増えた競技はあって、バドミントン、水泳、バレーボール、陸上、卓球の競技者（中体連加盟者）は増加している。サッカーの減少率は5.2％で、少子化速度を踏まえればよく頑張っている。

そういう状況において、地域における野球普及の担い手であり、スポーツによる地域活性化、コミュニティの再構築に寄与できる独立リーグが生き残るのは、野球業界および地域社会のこれからにとって意義のあることだと思うのである。

ついでに言うと、日本は歴史上、大きな変革には、外圧が背中を押してきたことがしばしばあった。逆に言えば、わかっていても、国内ではお互いへの配慮、決定的対立を避ける性質から、動きがとれないこともしばしばあった。MLBが独立リーグを傘下に収めるようなことがあれば、球界には激震が走るから、必要な変革に向けて動かざるを得なくなるかもしれない。思えば、ここにきて毎年、観客動員数が史上最高を更新し続けるようになったのも、2004年の球界再編時に、プロ野球球団の経営状況が世間から嘲笑されたことが契機であった。

MLBが独立リーグを傘下に収めることにより、現在の野球界が内包するさまざまな問題が明るみに出ることで、現状を打開する取り組みを開始し、トリプルミッション・モデルで言えば、理念をもとに、「普及」「勝利」「資金」の循環の輪を太くする改革の端緒になるかもしれない。

● 残された課題
最後に、残された課題を列挙することで、本書のしめくくりとする。

- 北米のプロスポーツは、マイナーリーグであっても、本拠地スタジアムでの定点興行が基本であるのに対して、日本の独立リーグは本拠地球場をたとえ定めたとしても、域内各地を巡る巡業型である。これに対する、アイランドリーグ、BCリーグの見解は、第一に、観客数が少なく、来場客から生じる収入をあまり期待できないことから、飲食施設などを常設するための投資ができず、日常的な集客が難しい。次に、小さい市町村であっても、地元の自治体と民間事業者が、1～2試合程度であれば、チケット購入や協賛を地域の活性化の目的で予算化できる。

北米のプロスポーツでは、スタジアムと球団はセットで、その町のランドマーク、アイデンティティとしての存在感を発揮している。日本再興戦略2016においても、スポーツには産業として成長する余地が大いにあり、そのためのカギとして、「観る観点からの高付加価値のサービスを提供する施設」を増加させることが掲げられている。独立リーグ球団が「観る観点からの高付加価値のサービスを提供する施設」を拠点とした定点型の興行を打てるようになった場合に、収益構造をどの程度良化できるかについて仮説検証をする意義は大いにあるだろう。

• 欧州のプロサッカーリーグは、昇格降格のしくみのもとで、北米のようなマイナーリーグの展開はない。しかしながら、主要国の下部リーグには、トップリーグへの昇格を念頭に置いていない、より小規模な行政単位を拠点に、その地域に愛されながら存続しているクラブが多数ある。こうしたクラブの経営戦略やスタジアム運営と、日本の小規模プロスポーツとの比較は興味深いものになるだろう。

• グローバル化の進展のもと、スポーツの労働市場の流動化もより進展すると思われる。2018年も、ドラフト上位候補と目されていたパナソニック（企業チーム）の吉川峻平がNPBを経ることなくMLB球団（アリゾナ・ダイヤモンドバックス）と契約した。従来は、MLBとNPBの間には、ある種の紳士協定があり、お互いのドラフト候補選手については手を出さないのが基本であるとされていた。しかし、JX-ENEOSの田澤純一が、NPBを経ることなく、2008年にMLB球団と契約をした際に、そうした紳士協定はあったかもしれないが過去のことである、ということがMLBから表明されている。また、MLBは、そのドラフト対象を世界に拡げる世界ドラフトについても検討を重ねている。こうした状況は、日本の野球選手にとって、そのスキルレベルが上がれば上がるほど、より選択肢は拡がることになる。そのときに、NPBへの労働供給の状況がどのように変化するかも興味深い研究となるだろう。また、こうした変化の可能性を踏まえた仮説検証も興味深いものとなるだろう。

付記
野球再建への提言

※広尾晃著『野球崩壊』(2016年、イースト・プレス刊)収録のインタビューを転載

Appendix 1

ノビシロはまだまだある。
やる気になれば、3年で野球は大きく変わる！

◆野球は「観るスポーツ」として日本人に向いている

——野球は、なぜここまで日本人に愛されるようになったのでしょうか？

　アメリカ生まれのベースボール。日本に輸入され、"野球"という正岡子規があてはめた独特の訳語が示唆している通り、日本固有の発展を遂げ、国民に幅広く愛される、いわゆる「ナショナル・パスタイム」として認知されてきました。

　もともと野球は日本人に向いていると思うのです。相撲もそうですが、考える間があって、リセットができる。また一発逆転のギャンブル性、サスペンスがあります。「観るスポーツ」としてこんなに面白いスポーツはないでしょう。

　ホークス球団に在任していた際、王貞治会長と、時々、こんな話をしました。王会長が、満員のヤフオクドームのスタンドを見渡し、「いつもありがたいよね。でも、このうち、硬式野球の経験者はどれくらいいるかな？」。私が、「どうですかねえ。今、男子高校生が一学年60万人で、このうち高校で硬式野球をしているのは6万人程度です。僕らの時代は、100万人中4万人程度でした。高校で硬式野球をやらないで、別のところで新たに硬式野球をやるのは難しいでしょうから、人数はそんなものではないですかね」と言うと、「硬式野球のプレー経験がなくても、こうして観て楽しんでもらえる。野球は、『観るスポーツ』としては、よくできているんだろうね」。

　アメリカで最も人気のある「観るスポーツ」はアメリカン・フットボールですが、これも実は、本格的にプレーしたことがある人はほとんどいない。でもあれだけの賑わいがある。なかには、ルールがわからないで観ている人

も結構います。野球がスリーアウトで攻守交替になることを、日本人ならばみな分かっているように、4回で10ヤード進まないと攻守交替となるというところまでは分かっても、ポジションを全部言える人は、ほとんどいないでしょう。でも、アメリカではダントツの一番人気。「やるスポーツ」としてのハードルは高くても、「観るスポーツ」として親しまれるのは、アメリカン・スポーツの特色なのかもしれませんね。

◆「ファン層の変革」と「地域密着」は福岡からはじまった

——プロ野球は、最近、観客動員を伸ばしていますね。

　実際、野球は、「やるスポーツ」としては、ハードルが高いですよ。ルールが複雑ですし、用具も高価で特殊。グラウンドは、広さも必要なら、マウンドやベースなど、特殊な構造が必要ですから。さまざまな奇跡があって、競技スポーツとしても一番になっていきましたが、これからを考えると相当に厳しいでしょう。今がピークじゃないかという悲観的な気持ちにもなります。

　それでも、プロ野球は2500万人に迫る観客動員を記録しています。なぜ、最近、こんなにお客が入るようになったか？　それは、この10年の各球団の経営改革が大きいと思います。

　2004年、オリックスと近鉄の合併に端を発した「球界再編」では、球団経営の問題が、いろいろとクローズアップされましたが、そのひとつに、ファン層の「高齢化」と「男性偏在」が明らかになりました。当時、指摘されたのが、観戦者の7割が男性で、しかもそのうち7割が高齢者というものでした。要するに、半分が高齢の男性だったという。そういう産業に明るい未来はないと酷評されていました。

　ただ、ホークスについて言うと、ダイエー時代に蒔いた種が実を結びつつありました。福岡ダイエー・ホークス時代、当時の社長・高塚猛さんにイン

タビューをしたことがあります。その後、問題を起こして辞任することになりましたが、話をしていて、興行師としての腕は、確かなものだと感じました。

「『ピッチャーが投げるときは静かにしなければならない』とか、『試合に集中しろ』とか何を言ってるんだ、と。ホームチームで毎年70も試合をするということは、要するにお祭りですよ。『俺があの選手を育てた』とか日々のいろいろなストーリーがあって、わっしょいわっしょい騒ぐために来ている。みんなで時間と空間を共有して、気持ちよくなるんだ」と。で、観戦のスタイルを変えるために、サービスも変えていった。野球人からすると、一瞬たじろぐ考え方ですが、確かにお客さんは増えていた。それも、若年層、女性が。この手法は、球界再編を経て、他球団にも広がっていきました。

ホークスが球界に及ぼした好影響は、たくさんあると思っていますが、原点は、ダイエーが親会社になって、福岡に移転したことです。ここからプロ野球の「地域密着」がはじまりました。福岡にドーム球場を造った中内 功（元ダイエーグループ会長）さんに、野球界は足を向けて寝られませんよ。毎年60億円利益を出さないと収支が合わない、つまり採算に合わないものを760億円もかけて造ってくれたのですから。

ソフトバンクが親会社になってからは、女性用のトイレを圧倒的に増やしました。ターゲットは、女性と子ども。エンターテインメントの王道です。かつてのプロ野球は、そういう観点はありませんでした。川崎球場のトイレなんて男女が分かれていませんでしたから。まあ、かつてのパ・リーグ球団の多くは、集客努力もあまりしていませんでした。どうせムリだと諦めていたのでしょう。

そんなパ・リーグが、現在の「人気も実力もパ」と言われるくらいになる、決定的なターニングポイントは、あの王貞治さんが福岡に行ったことだと思います。当時のセ・リーグは、大リーグが日本のプロ野球を見るかのごとく、パ・リーグを一段低い位置とみなしていたように感じます。

私は、ホークス入りして最初の5年間、各球団の代表者が集まる会議体（実行委員会）に出席して、過去の資料や関係者との雑談のなかで、そのこ

とがよく分かりました。実際、球界再編後でもなお、まだそう思っている関係者もいましたよ。

巨人戦が全国中継され、その恩恵でセ・リーグがピカピカに輝き、その分、パは日陰の存在に留まっている、そんな時代に、巨人で育った球界の至宝、王貞治さんがダイエー・ホークスの監督になった。このことで地殻変動が起こったんですね。「あの王さんがいる」ダイエーやパ・リーグを馬鹿にできなくなった。

そこに、さきほどお話しした、集客革命。ダイエーの「カスタマー・ファースト」の考え方を実践した結果でもあるでしょう。パ・リーグの公式戦が、チケットを買って入場したお客さんで連日埋まるようになり、飛躍的に売上が伸びた。

このダイエー・ホークスの成功で、「地方でもやれるじゃないか」ということになって、東京で集客に苦しんでいた日本ハムが、北海道に移転した。ホークスの成功を見て、「地域密着」に活路を見出そうと決心したのでしょう。

こうして、マーケティング改革が進み、その成果が、「カープ女子」という形で世の中に知っていただいた、ということなのだと思います。このあたり、全国となると、やっぱり、セ・リーグの知名度、アピール度は大きいですよ。裏を返せば、パ・リーグはまだまだです。

女性が球場に来てくれるようになり、客単価も上がりました。せいぜいビール一杯飲むくらいの高齢者の男性ファンと違って、女性ファンは、まずグッズを買ってくれる。スタジアムは、女性ファンにとってハレの舞台ですから、ユニフォームを着て、グッズを買って、応援して、観戦体験を、まるごと楽しんでくださる。ディズニーランドと同じです。スーツ着て澄ましていてもしょうがないじゃない、というところでしょう。

そんなの邪道だ、やっぱり野球を観ることが本質だ、という声もあります。それもそうかもしれませんが、本場アメリカのスタジアムに行ってみてください。プレーオフや、天下分け目の一戦でもない限り、グラウンドで行われているプレーの一挙手一投足に注目している人はほとんどいない。スタ

ジアムの雰囲気を楽しみに来ているのです。そういうスタイルも含めて、いろんな楽しみ方があっていいと思います。

◆今のビジネスモデルは飽和状態に近づいている

――でも、同時に地上波でのテレビ中継は、実質的になくなっています。

そういう改革が進んで10年、プロ野球はまた踊り場に来たと思います。かつて、セ・リーグには「巨人戦の放映権ビジネス」というものがありました。巨人戦は視聴率が平均で20％以上、まさにお化け番組でした。ドリフや欽ちゃんも、かつてそう呼ばれましたが、巨人戦は90年代に入ってもなおそうで、最後のお化け番組だったと思います。130試合すべてが、ゴールデンタイムに全国中継される巨人戦。他のセの球団は、巨人戦の26試合が全国中継される。

パ・リーグにはそれがない。80年代までは、それがないからボヤき、諦めていましたが、ダイエーが福岡に移転してから、「地域密着」という新たな可能性がみえた。そこから、本気の集客戦術に目覚め、今に至る。でも、それも飽和状態。顧客満足度向上を収益機会に結びつけるのも、限界が近づいています。

たとえば巨人。東京ドームの観客動員率は95％を超えています。さらに上を目指すならば、客単価を上げるしかない。大リーグは、クラブシートと呼ばれる、ラウンジや飲食のサービスがついたシートで客単価を劇的に向上させました。ヤンキースのクラブシートは、一席1500ドル（約15万円）ですよ。こうした経営努力を重ねて、この20年でビジネス規模を7倍にした。

ヤンキースの1500ドルは極端にしても、日本も客単価の高いシートを導入したいのですが、そういう客層に満足してもらえるホンモノのクラブシートとなると、大幅な改装が必要になります。しかし、東京ドームは巨人のものではありませんし、東京で新スタジアムとなると、建設費用もさることな

がら、立地も、あんな良い場所はもうないですよ。福岡もずっと改装を続け
てきましたが、あの箱のままでは、やれることももうなくなってきました。
　この状況を打破しなければならない。そのためには優秀な人材が必要で
す。球界再編でプロ野球経営が脚光を浴び、合併、売却、新規参入と、人材
が流動化したあのころ、優秀な人材が外部から入ってきました。この10年
余り、プロ野球の経営力が向上したのは、彼らが与えた刺激も大きかったの
ですが、その多くが、2、3年でやめていきました。野球界には、彼らが求
めるような劇的な早い変化もないし、親会社系の人か、あるいは野球経験者
でないと、何かとやりづらい。
　それでも、あのときは、球界全体が「変わらなきゃ」という思いが強く、
ある程度は動けましたが、やっぱり保守的な体質ですから、これ以上は難し
いなということで、離れていったのだと思います。
　それにペイが悪い。たとえばGMという役職。チーム編成の責任者で、
MLBではどの球団にもいる、お馴染みの役職ですが、年収は、どんなに売
上の低い地方球団でも50万ドルを下ることはありません。上は、ヤンキー
スのブライアン・キャッシュマンの300万ドルですが、このGM職、役員
ではなく、選手のような業務委託でもない、要するに社員ですよ。役員とも
なるともっともらっている。MLBは、フロントも夢の世界なのです。
　対する日本。確かに、いまの日本で、スポーツで身を立てるのは、圧倒的
に野球ですが、その運営サイドはどうでしょうか。雇われの身で、億単位の
年収をもらっている人はひとりもいないでしょう。社長でも、年収1500万
もいかない球団もあります。球団職員の年収は、同年代のサラリーマンと比
べて決して多くはない。大手企業と比べると、半分くらいだったりすること
もざら。Jリーグあたりになるともっと厳しく、生活も成り立たないという
理由で、泣く泣く大好きな仕事を離れるケースも少なくありませんから、そ
れよりはマシと言っても、やっぱりね。
　ペイが低くてもやりがいのある仕事を「ドリーム・ジョブ」と言います
が、給料が安いところにいい人材は来ません。そこを解決すればまた野球界
は好転するかもしれないですね。

◆自治体に頼れないプロ野球は「魅力的な投資先」になる必要がある

——大リーグと比べると、日本のプロ野球はいろいろな面で見劣りします。

　ここ20年で大リーグと日本のプロ野球の経済格差は大きく広がりました。1995年の大リーグは年商1400億円、日本のプロ野球は1200億円程度（推定）でした。球団数は28球団と12球団ですから、1球団の売り上げで言えば50億円対100億円で日本のほうが上だったのが、今では9000億円と1500億円。1球団でも300億円と120億円と2.5倍くらいになっています。

　要因の半分くらいは日米の経済成長の差です。アメリカの経済はこの間に2.5倍になっている。日本は変わりません。ちなみにユーロ圏は3倍です。

　この間、日本のプロ野球は落ちもせず上がりもせず、よく頑張っているとは思いますが、夢という意味では、ちょっと色褪せた感じはしますよね。むろん、ここまでお話しした通り、ファン層が、女性客が半分を超え、平均年齢がぐっと下がるなど、明るいニュースもあります。

　一方で、日本プロ野球には、箱の限界とマーケットの限界が立ちはだかっているのも、これまた現実です。大リーグ球団は、自治体が親会社みたいなものです。自治体が建てた球場を、球団は24時間365日、自由に使えて、売上もすべて球団に帰属。それで、年間の賃貸料が1ドルなんていう、夢みたいな話がフツーにある。日本の場合、自治体が地元球団を応援するために、数百万の年間予約席をもらおうとしても、鬼のような顔をして反対する人たちがいる。公共のお金での支援は見込めません。

　今、多くの球団は本拠地球場の指定管理者になっています。公共の球場を、運営の費用を負担する代わりに、これまで球団に入らなかった売店収入や、広告看板収入を得ることができる。従来に比べれば、雲泥の差を生んでいる、素晴らしいことですが、アメリカの現状と比べると、ボヤきたくなります。

　でも、自治体の制約は、日本のあり方を変えないと仕方がないので、これ

はどうしようもないですね。そうなると、今後の球団の繁栄は、親会社にとって魅力的であり続けること。もっと言えば、「魅力的な投資先」であり続けること、これに尽きるでしょう。

◆見習うべきはNFLの普及戦略

——一方で、野球の競技人口は減少しています。

　特にライトな野球ファン層が減っている。これはまずいことです。大リーグでもリトルリーグの競技人口が減っています。

　野球は、短い時間で強い刺激を求める現代人からすると、牧歌的なスポーツなのかもしれません。競技時間も流動的ですから、テレビのコンテンツとしても嫌がる向きがあるのもわかります。

　日本のプロ野球を支えてきたのは高校野球です。甲子園のスターがプロに入り、一流選手になる、そんな成長物語ですね。日本人がドラクエのようなRPGを好むのは、野球の影響だと、私は思っています。

　清原和博の覚せい剤事件で、みんながショックを受けたのは、圧倒的大多数の日本人が、大なり小なり差はあれど、彼の人生を、その高校時代から知っているからです。ミュージシャンのASKAの覚せい剤事件とはショックの大きさが違う。私たちが知るASKAは、スターになってからのASKAですからね。

　プロ野球は観なくても、高校野球を観る人は多い。甲子園は無理でも、一度は硬式野球をやってみたい、そう思っている人が多いから、男子高校生の10％が、ありがたいことに硬式野球をしてくれているのだと思います。

　サッカーは、中学の部活動における競技人口で、軟式野球を抜いて、一番になりましたが、そりゃそうでしょう。日本では、1993年にJリーグが誕生するまで、マイナースポーツでしたが、サッカーは世界で最も人気のあるスポーツです。単純明快なルールで、誰でも分かる。ボールひとつあれば

きるから、カネもかからない。

　それよりも見習うべきは、NFLの普及戦略ですよ。アメフトが、アメリカでダントツの一番人気なのは、先に申し上げた通りですが、いくらアメリカの影響色濃い日本でも、この競技の普及は、フーターズを日本で流行らせるより、はるかに難しいと思います。それでも、この難業を、筑波大学とタッグを組んで、その導入版であるフラッグ・フットボールのキットを日本中の中学校に無料でばらまき、学習指導要領に食い込ませた。優秀な方々が取り組めば、こういう戦略ができるのだという、お手本ですね。

◆「プロアマの壁」を超え、小中学校の授業に組み込む

――普及活動において、野球は後れを取っている印象が否めません。

　他のスポーツが子どもの争奪戦をやっているなかで、野球界は一枚岩になれず、馬なりでしか普及活動をしていません。その差がじわじわと表れている気がします。

　むろん、野球界も、ただ手をこまねいているわけではなく、普及活動をやらないといけないという意識はあります。カネがあるんだから、プロ野球で率先してやれ、という声があります。まったくその通りだと思いますが、現実に落とし込むと、これが結構、難しい。

　たとえば、ソフトバンク・ホークスは、九州を中心に熱心に普及活動をしています。普及活動ですから、採算がとれるようなものではありませんが、そこは、親会社のビジネス、たとえばケータイの顧客開拓・維持を大義名分として、費用対効果についてはある程度、目をつむってやるわけです。また、この活動を通して、OBを雇用し、地域の人にも喜んでもらう。そんな良いサイクルができていますが、では、「楽天やDeNAと一緒にこれができますか」という話になるのです。たとえば、そこで得た個人情報を誰がどのように管理するのか。個人情報の取り扱いについて、世界一神経質なわが国

で、NPBで一括管理というわけにはいきませんから、ここで止まってしまう。

　今後の野球界をどうするの、という話になると、やはり「プロアマの壁」の問題に行き着きます。通常、業界団体は、業界の発展のために、様々なロビー活動を行います。しかし、野球界の場合は、団体が細分化され、それぞれが必ずしも協力関係にないなか、誰が何を代表しているかが不明確で、結局、乾坤一擲で業界の利益を押し込んでくる、他のスポーツや娯楽産業に負けてしまうのです。

　普及にもっとも効果的なのは、小中学校の体育の授業に入れてもらうことです。そのためには、小中学生が野球を、体育の授業としてやることの意義を、大学などの専門機関を巻き込み、科学的、論理的に文科省などにアピールする必要があります。しかし、野球界は、代表する組織も人も部署も不明確ですから、結局、いいことを言う人はたくさんいても、実行となると、突破力がないのです。

◆女子の甲子園をやればいい

——サッカーは「なでしこジャパン」以来、女子の競技人口も増えています。

　確かに野球は、女子が未開拓です。先日は、甲子園のグラウンドに女子マネージャーが入っていいかどうかが問題になりましたが、今、男子部員のサポートをしている女子部員が夢を見ることができるようにしないといけない。学生野球憲章からいますぐ女子排除を撤廃したほうがいい。

　男子の高校生に混じって、夏の県予選も含めた公式戦に出場することは、もちろん解禁すべきですが、それに加えて、もう全国に女子の硬式野球部があるのですから、女子の甲子園をやればいいんです。

　たとえば男子の準決勝の翌日は、女子野球の準決勝をやれば、男子投手の酷使の問題も多少、緩和されるじゃないですか。決勝は、午前に女子で午後

に男子。通しのチケットにすれば、満員とまではいかなくても、多くの観客の前で、野球ができるじゃないですか。

これだけ男女の同権が叫ばれているなか、いまの学生野球憲章は拙い。言い分はあるでしょうが、ここは、黙って即座に改正したほうがいいでしょうね。

サッカーはアメリカでは女性のほうが圧倒的に人気があります。サッカー通の人に言わせれば、女子なんてとても観ていられないと言いますが、僕ら素人が観ると女子は展開が急で面白いですよ。女性の野球環境を整備すれば、競技人口は増えるし、野球は新たな発展ステージに入れるでしょう。楽しみですね。

高校野球についてもうひとつ言うなら、もう少し商業化してくれると、今後の野球界がより明るいものになります。高野連は今、ビジネス規模としては10億円ですが、いまある権利を換金するだけで、100億まではすぐにいくと思います。きちんとマーケティングをすれば300億まで行くでしょう。

たとえばバックネット裏。今、春夏の甲子園大会の際は、少年野球の子どもを無料招待していますが、この経緯ひとつ取っても、なんとも歯がゆいですね。いわゆる「8号門クラブ」と呼ばれる方々が占拠している問題を、普及という大義名分をもって解決しようということなんだと思いますが、そんなまどろっこしいことしないで、指定席にして、たとえば2万円取ればいいのではないかと思います。あの席にはそのくらいの価値は十分ありますよ。さらに、飲食をつけたり、ラウンジをつけたり、準々決勝以降は値上げするとか、要するに、マーケットに照らして、多種多様な値付けをしませんかということです。

清貧をモットーにしていて、その気持ちは分からないでもないですが、我々は資本主義の世界に生きているわけで、拡大再生産の発想を持ってもらいたいです。今はインターハイなど高校スポーツや、大学スポーツにもスポンサーがついています。球場使用料やテレビの放映権もそうで、権利に対しては、その対価を市場価格で支払う。そうして儲けたお金を野球の普及のために使うことができれば、拡大再生産のサイクルができるじゃないですか。

そのお金を、地域の子供たちに、手弁当で野球を教えている方々に回るようにしたいですね。高校野球や大学野球の監督も、正当な給料だけでやっていけるようにしてほしい。NCAAのバスケットやアメフトの監督のように、何億円ももらうべきとは言いませんが、監督として高い能力を発揮する方の年収が2000万円〜3000万円でも、それはもらい過ぎだという人はいないのではないでしょうか。

　本来もらえるべき対価をもらわないと、いろいろとゆがんだ形で帳尻を合わせようとします。いわゆる「裏金問題」。あれは法的には問題はありませんが、野球界で定めた内規に照らすと違反です。「裏金」という言葉はちょっと強過ぎるのではないかと当時も今も思っています。ただ、要求もされないのに取っておいてくださいというケースはないとは言いませんが、少ないですよ。資本主義に則り、しっかりしたルールのもとで、拡大再生産を図る。これができれば、野球界はまだまだ、ノビシロありだと思います。

◆一刻も早く「外資規制撤廃」と「独立リーグとの連携」を！

——再びプロ野球の話になりますが、ビジネスとして再生は可能でしょうか?

　いろいろ理想はあるにしても、親会社が喜んでお金を出す対象であり続けることが大事です。つまり、投資価値のある世界であり続けること。そのためにも、外資の条項を撤廃してもらいたい。日本は、黒船以来、外圧をうまく利用して、改革・改善してきました。日本は島国かつ農耕民族の国ですから、それまでの価値観を変えるような変革は、分かっていてもやらない。軋轢やわだかまりをもったまま、明日も顔を合わせるのはキツイということですね。

　ある外資企業から、「日本に特別目的会社を作れば球界参入できるか?」なんて相談を受けたことがありましたが、一日も早く、外資規制を撤廃してほしいですね。

MLBなどの北米のプロスポーツのように、権利を集中させることも含め、NPBに大きな権限を持たせようという考えがありますが、私は懐疑的です。日本のプロ野球は、北米のように、自治体が親会社のごとく、いろいろと補助してくれるわけではありません。野球界という横のグループでの協力・利益最大化はもちろん大事ですが、それぞれの球団は、親会社を中心とした企業グループの一員、つまり縦のグループの一員としての役割もあるからです。

　私は、NPBの役割は、ヨーロッパサッカー型に近い形で、基本はマッチメーク。あとは、日本シリーズやオールスター、日本代表など、各球団では取り扱いが難しいビジネスに特化していけばいいと思います。

　野球の将来を考えるうえで、独立リーグの話をしないわけにはいきません。四国で産声をあげて12年。いまや球団数も12に増えました。NPBには、独立リーグとの連携強化を推進してもらいたいですね。

　プロ野球球団がない地域に、野球観戦の文化をつくり、興行のノウハウもある。私が提唱しているのは、アメリカのマイナーリーグとまったく同じ形です。つまり、各球団は、提携先の独立リーグ球団に、監督・コーチと選手を送り込み、その人件費を負担する。また用具など野球関連の費用も負担する。独立リーグ球団は、球場使用料なども含めた興行経費を負担して、リーグ戦を戦う。そうすると、大方の独立リーグが、採算を取れるようになります。NPB球団からしても、経費の削減になります。

　これを三軍でやってはどうかと、私の在任中、ホークスは、実行委員会など、NPBの会議体で提案しました。いくつかの球団の反対で残念ながら実現しませんでしたが、いまでもそうすべきだと思っています。

　ソフトバンクが三軍を創設したのは、私が担当役員だったときのことです。王会長のバックアップと、優秀な部下のおかげで実現しました。既に報道されている通り、選手の育成に大きく寄与していますが、それも当然といえば当然のことなのです。MLBの球団は30球団すべて、最低でも五軍、さらにドミニカにアカデミーを保有しています。各球団の配下の選手は300人以上です。そうしている理由は、余裕があるから囲い込んでいるというわけ

でなく、野球は、必要な人員が多く、かつ選手の成長予測が難しいため、多くの選手を保有するのが経営上、もっとも効率的だからそうしているのです。ですから、できるのであれば、やったほうがいいに決まっているのです。

　実際、日本においても、二軍は一軍の調整機能がかなりの部分を占めますから、計画的な育成をする場所としては十分ではないのです。外国人やドラフトでの"当たり"に賭けるのではなく、計画的な、つまり不確定要素をできる限り減じたチーム強化をするのであれば、アマチュア野球が盛んな日本であっても、最低でも三軍は必要なのです。

　野球界には、まだまだ開拓できるところはあります。本気でやれば、3年くらいで状況は一気に変わるでしょう。

　思えば、高校野球、大学野球で計7年、プロ野球選手として3年、球団フロントに10年。学者としての研究対象もやっぱり野球が中心で、さらに子どもの頃から野球をやっていたことを考えると、私の人生は、ほとんどが野球です。今後も、野球界の発展に、微力ながらお役に立てれば、これに勝る喜びはありません。

巻末資料

独立リーグのチーム紹介

Appendix 2

BCリーグ

FUTURE-East

 福島レッドホープス　　　FUKUSHIMA RED HOPES

チーム名の由来

　我々は「ALL for FUKUSHIMA」、福島県の復興と風評被害の払拭(ふっしょく)を後押しすることを第一に掲げ活動しています。HOPE（望み）、2018年には「より情熱的に」という意味を込めた「レッド」を加え福島レッドホープスとして新たなスタートを切りました。

　福島レッドホープスは、本来「希望」や「望み」「期待」でありますが、私共はあえて「望み」「意」といたしました。福島県は東日本大震災後、少しずつ子供たちが外で遊べる環境になってきています。

　しかし、他県に避難されていますお子様もおります。私共は「子供たちが福島で育ち、笑顔を増やしてもらいたい」「野球というスポーツを通じて望みを持ち、地域の交流も活発になってほしい」等、子供たち、地域の方々が「野球を通じて」いろいろな「望み」をもっていただける一助になればという思いで「望み：HOPE」と命名いたしました。

　福島県民の皆様に愛され、育てていただける「福島県民球団」として2014年にスタートラインに立ちました。「FUKUSHIMA RED HOPES」福島レッドホープスは「BCL憲章」を礎に子供たちの、地域の方々のさまざまな「望み」を叶えられる球団を目指します。

DATA

会社名　株式会社 Y.O.A

球団社長　岩村明憲
創設年月日　2018年11月
HP　https://red-hopes.com/
本社所在地　〒963-8052　福島県郡山市八山田3-22

茨城アストロプラネッツ　IBARAKI ASTRO PLANETS

チーム名の由来
　茨城県には宇宙と関連する施設、企業が多くあります。
　チーム名の「アストロ」は「天体の」、「プラネット」は「惑星」という意味です。

球団ロゴ
　筑波山が「紫峰」と呼ばれていることや、県の木が「梅」であることからチームカラーに「梅紫」を採用しました。

DATA
会社名　株式会社茨城県民球団
球団社長　山根将大
創設年月日　2017年7月1日
HP　http://www.ibaraki-planets.jp/
本社所在地　〒312-0042　茨城県ひたちなか市東大島1-24-29　正和ビル4階

栃木ゴールデンブレーブス　TOCHIGI GOLDEN BRAVES

チーム名の由来

　チームカラーである「金（GOLDEN）」と、選手は夢に挑戦する勇者として「BRAVES」、つまり「栃木の勇者」として県民の皆様に勇気と希望を与える球団になってほしいという思いを込めました。

- 栃木県民がひとつになれる熱い球団を目指し、未来を担う子供たちへ夢と感動を与えます。
- 地域のオンリーワンコンテンツとして、魅力ある地域の発展に寄与します。
- 地域社会に生かされている意味を知り、社会人としての人間形成の場を作り続けます。

　栃木県は豊かな自然環境と世界遺産「日光の社寺」を代表する歴史と伝統に育まれた地域です。
　新たに誕生する"県民球団"は地域に密着した活動と選手のプレーを通じて、「大きな誇り」・「力強い勇気」・「夢へのチャレンジ」を県民に提供し、県民とともに成長していくチームを目指します。

DATA

会社名　株式会社栃木県民球団
球団社長　江部達也
創設年月日　2016年11月1日
HP　https://tochigi-braves.jp/
本社所在地　県北・県央事務局
　　　　　〒320-0811　栃木県宇都宮市大通り4-2-10　宇都宮駅前ビル4F

埼玉武蔵ヒートベアーズ　SAITAMA MUSASHI HEAT BEARS

チーム名の由来

　武蔵：旧律令国においては、現在の埼玉県の領域は大部分が武蔵国に含まれていたことによる。ヒート：日本国内でも熱いことで有名なこの地域を、野球を通して熱く盛り上げたいという意味。ベアーズ：強く逞しく、反面可愛らしい愛嬌を持ち備えた"くま"と熊谷市の「熊」からBEARをイメージ。

球団ロゴ

　チーム名に「HEAT」と付記し、チームカラーに赤を選ぶことにより暑い！熱い！熊谷を表現しています。
　またもうひとつのチームカラーは「勝色」と呼ばれる青を採用し、試合に勝つ！　強いチームづくりを目指すことを表現しています。

DATA

会社名　株式会社埼玉県民球団
球団社長　今井英雄
創設年月日　2014年7月2日
HP　http://www.musashibears.com/
本社所在地　〒360-0014　埼玉県熊谷市箱田 6-17-22

群馬ダイヤモンドペガサス GUNMA DIAMOND PEGASUS

チーム名の由来

　一般公募により寄せられたすべての名称を、使用されているキーワード（※1）で分類し、最も多く寄せられているカテゴリーのなかから、群馬県民球団設立準備委員会の委員全員による討議で決定いたしました。

（※1）応募作品に見るキーワードの分類
(1)馬(20%)　(2)雷(18%)　(3)鶴(16%)　(4)風(13%)　(5)山(10%)　その他(23%)

選考理由

「ペガサス」⇒応募者の使用するキーワードのうち、最も多かった「馬」に関する言葉。ギリシャ神話に登場する「ペガサス」（天馬）は、群馬の象徴的呼称である「馬」に、更に一層の飛躍と力強さのイメージを与えています。

「ダイヤモンド」⇒比類のない輝きと、強靱さのイメージを有し、野球のシンボル的呼称であるダイヤモンドを掛け言葉としペガサスのイメージを更に高めたものにしています。

　以上、群馬県民球団として相応しい「意味」と『愛され度ナンバーワン』の「親しみやすさ」と、『リーグナンバーワンを目指す』「力強さ」を、兼ね備えた最良のネーミングと判断いたしました。

球団ロゴ

　チームカラーを白と黒に設定。「黒白（こくびゃく）をわきまえる」「白黒をつける」と言うように、強靱な意志を持ち、はっきりとした、力強さを兼ねたメリハリのある球団運営・試合運びを目指します。また、球場内に存在するたくさんの色や、既存球団の有する色との差別化を図ります。

　サブカラー：ブルー：全国的に最も上位にランクされる、群馬県の日照時間の長さや、降水量の少なさ、から、「青空」のイメージである「ブルー」

を『ペガサスブルー』と名づけサブカラーとしました。マーク全体を球団カラーで配色し、「ペガサスの羽」を、飛躍と力強さのシンボルとして象徴的に表現しました。

DATA
会社名　株式会社群馬スポーツマネージメント
球団社長　堀口芳明
創設年月日　2008年1月31日
HP　http://d-pegasus.com/
本社所在地　〒370-0854　群馬県高崎市下之城町584番地70
　　　　　　高崎市産業創造館202

新潟アルビレックスBC　NIIGATA ALBIREX BC

チーム名の由来

　新潟にアルビレックスという総合スポーツクラブを創造するため、サッカー、バスケット、チアリーダー、ウィンタースポーツ、ランニングに続き、野球も。競技名であるベースボールを加えた名称「新潟アルビレックス・ベースボール・クラブ」としました。アルビレックスの由来はサッカーより発信され……白鳥座のなかでひときわ輝くオレンジとブルーの二重星が「アルビレオ」。新潟には白鳥が多く飛来します。この白鳥をキーキャラクターに、オレンジには新潟の美しい夕日、ブルーは日本海の美しさが、それぞれ連想できるという3つの理由から、前身となる「アルビレオ新潟」が命名されました。その後、Jリーグ会員の条件のひとつである「チーム名称条件」をクリアーするためにチーム名称を変更することに決定。県民投票に委ねられた結果、アルビレオがさらにパワーアップし、サッカー界の王者に向かって羽ばたいてほしいという願いを込めて「アルビレ（アルビレオ）＋レック

ス（ラテン語で"王"）」＝「アルビレックス新潟」となりました。

球団ロゴ
　新潟アルビレックス・ベースボール・クラブの新潟のNとアルビレックスのAをモチーフにデザインしました。野球というスポーツが本来持つ、精神性、本物の真剣勝負の醍醐味、それらをシンプルでシンメトリーな造型へ昇華させました。「野球本来の魅力を、新潟県民にあらためて伝えたい」というチーム代表の意志を反映するため、敢えてエンターテインメントな派手さを極力抑え、王道感を伝える、力強いシンボルに設計しました。新潟の野球の歴史を、このシンボルに投影し続けられたら幸いです。

DATA

会社名　株式会社新潟アルビレックス・ベースボール・クラブ
球団社長　池田拓史
創設年月日　2006年8月1日
HP　http://www.niigata-albirex-bc.jp/
本社所在地　〒950-0932　新潟県新潟市中央区長潟570
　　　　　　　　HARD OFF ECO スタジアム新潟内

ADVANCE-West

 信濃グランセローズ　　SHINANO GRANDSEROWS

チーム名の由来
　長野県唯一無二のプロ野球球団として、長野県民の方々に愛される球団となるべく、設立発起人会が全県に公募を行った。その結果、県獣カモシカを指す「Serows」に最も人気が集まった。そこで、この「Serows」に長野県

の壮大で雄大な自然を表す「Grand」を組み合わせ、信濃グランセローズと決定した。

球団ロゴ
　先ずはインパクトがあること。そして、野球チームであることがすぐに分かること。チームカラーである「赤」は燃えるようなファイティングスピリットを表現し、同時に長野県の名産である「りんご」の赤を表現した。

DATA

会社名　株式会社長野県民球団
球団社長　竹内羊一
創設年月日　2006年11月20日
HP　http://www.grandserows.co.jp/
本社所在地　〒380-0928　長野県長野市若里6-3-22

富山GRNサンダーバーズ　TOYAMA GRN THUNDERBIRDS

チーム名の由来
　富山県の県鳥は「雷鳥」であります。「雷」「鳥」それぞれの直訳的な表現が「サンダー」と「バード」、その2つを合わせた言葉の「サンダーバード」が、県民の皆様に一番慕われているのでそのように名付けました。

球団ロゴ
「T-birds」の「T」は、「雷鳥（サンダーバード）」の「thunder」の「T」であり、なお「富山」の「T」で「T-birds（富山の鳥）」の意味でもあります。チームのメインカラーは新緑豊かな木々の景色をイメージした「緑」、サブカラーは力強い雷の「黄色」です。「T」の横棒（￣）は雲、そして縦

棒（｜）はその雲から発せられた「雷」を表しています。富山サンダーバーズの選手たちが、「雷」の光の如く素早くかつ力強い動きを体現し、まるで縄張りに侵入してきたライバルを見事に追い払う時の雷鳥のように、球団が、そして富山県全体が羽ばたいてほしい。そんな思いが込められています。

DATA

会社名　株式会社富山サンダーバーズベースボールクラブ
球団社長　永森　茂
創設年月日　2006年11月2日
HP　http://www.t-thunderbirds.jp/
本社所在地　〒933-0951　富山県高岡市長慶寺43

 ## 石川ミリオンスターズ　ISHIKAWA MILLION STARS

チーム名の由来

　加賀百万石に由来し、県民100万人の夢と希望をのせて輝けるチームになってほしいという願いと、百万石の伝統ある街でチームが盛り上がり、選手の活躍と将来多くのスター選手を輩出するチームになってほしいという期待が込められています。

球団ロゴ

「輝く星は県民の願い」石川県初のプロ野球球団として彗星の如く、日本球界に新しいエンターテインメントをもたらしたいという願いが込められ、星の形は石川県、アルファベットの紺色は日本海、アルファベット周りのコバルトブルーは県旗の色を表しています。

DATA

会社名　株式会社石川ミリオンスターズ

球団社長　端保　聡

創設年月日　2006年10月11日

HP　http://www.m-stars.jp/

本社所在地　〒921-8051　石川県金沢市黒田1丁目266番地

福井ミラクルエレファンツ　FUKUI MIRACLE ELEPHANTS

チーム名の由来

　地図上で見る福井県の形は象の横顔に非常に似ていることと、日本で初めて象が渡来したのは福井県の若狭地方であること、さらには象は長寿であり福井県も長寿日本一を目指していることから、象（エレファント）を福井県民球団の象徴としました。また象は巨大で力持ちであるにもかかわらず、繊細で優しい動物であることから、福井県民球団も象のように巨大で力強い球団になると同時に、人にやさしい球団でありたいとの願いを込めました。そして象はインドでは「繁栄」「開運」の神として崇められているので、地域に「繁栄」「開運」を呼び込む奇跡（ミラクル）のチームになってくれることを願い、福井ミラクルエレファンツと名付けました。

球団ロゴ

◎ communication logo-mark ／コミュニケーション・ロゴマーク　福井から地域社会に広がる、新しい福井ミラクルエレファンツの「顔」です。このコミュニケーション・ロゴマークは、新生・福井ミラクルエレファンツと、社会との様々な視覚的な接点において、的確な印象を残すための役割を持ちます。チームや個々の選手全体の象徴として、最も多く多角的に活用されます。チーム名のエレファント／象のやさしさと力強さを併せ持つ欧文書体

（クーパー）をベースに、大らかでダイナミックなイメージを有機的な曲線の連続で、たくましくハツラツとした生命感を表現。同じく福井県の形状を象の横顔に見立て、チーム名スペル内の「P」として一体化。オリジナリティ豊かなオンリーワンのアイキャッチとしてデザインされました。このコミュニケーション・ロゴマークは、今後チームと一般社会とのコミュニティアイデンティティにおける一番の核となります。そしてあらゆる視覚コミュニケーションの場面で常に主役的な存在として重要な役割を果たしています。

DATA

会社名　株式会社福井県民球団
球団社長　新谷隆美
創設年月日　2010年2月10日
HP　http://www.m-elephants.com/
本社所在地　〒910-0813　福井県福井市中新田町 8-1-1
　　　　　　　　　　　エレファンツスタジアム BIG 1

オセアン滋賀ユナイテッドBC　COCEAN SHIGA UNITED BC

チーム名の由来

　わたし達が皆さんに提供するのは「滋賀ユナイテッド」に携わるすべての人と人との【有機的なつながり】です。それは、サポーター個人、サポーター企業の垣根を超えた、滋賀県初の試みです。小さな子供達から、お年寄りまで。わたし達の活動範囲は、皆さんのおよそ人生のほとんどにわたります。試みのひとつとして、プロスポーツ選手として成功することだけを目標とするのではなくスポーツを通じた人間形成を実施し、サポーター企業で活躍してもらうフィールドを用意したり。また、地域の安全活動を通じて、サポーターの皆さんの大切な「子供達」の安全を守りながらそのネットワーク

に、サポーター企業の PR 情報を発信したり。これらの試みは、サポーターとサポーター企業のアイデア次第で可能性は無限大に拡がります。スポーツを継続して続けるためには、どうしてもある程度の資金が必要になってくるのが現在の日本の状況です。わたし達「滋賀ユナイテッド」は世帯収入に関係なく、全ての子供達にスポーツを続けられる環境を構築し、スポーツを通じた人間形成を念頭におき、子供達の人生を豊かに創りあげていく環境創りを行っていきます。

球団ロゴ
『白』何色にでも染まる＝さまざまな変化に適応する
『黒』何色にも染まらない＝何事にもブレない哲学

DATA

会社名　株式会社滋賀ユナイテッド
球団社長　池田　茂
創設年月日　2015 年 12 月 21 日
HP　http://www.shiga-united.com/
本社所在地　〒 524-0101　滋賀県守山市今浜町 2620-5　ピエリ守山 1F

四国アイランドリーグ

 愛媛マンダリンパイレーツ　EHIME MANDARIN PIRATES

球団ロゴ

1　愛媛マンダリンパイレーツのロゴは、愛媛県の特産品でもある「みかん」と地元に古くから伝えられている「日本一の水軍」＝パイレーツの強さを組み合わせたみかん色のロゴになっています。

2　ロゴの形は、船になびく旗と荒波にも負けない力強さを表現しています。

DATA

会社名　愛媛県民球団株式会社

球団社長　薬師神　績

創設年月日　2006年3月6日

HP　http://www.m-pirates.jp/

本社所在地　〒790-0932　愛媛県松山市東石井6-12-36

 徳島インディゴソックス　TOKUSHIMA INDIGO SOCKS

球団ロゴ

1　徳島インディゴソックスのロゴは、徳島県の特産品でもある「藍染」をモチーフとし、メジャーリーグにもある「レッドソックス」、「ホワイトソックス」にも負けない日本古来の藍染をイメージしたロゴとなってい

ます。
2 ロゴの形は、布を縫い合わせた模様で緻密さとチームワークの良さを表現しています。

DATA

会社名　株式会社パブリック・ベースボールクラブ徳島
球団社長　南　啓介
創設年月日　2012年1月23日
HP　http://www.indigo-socks.com/
本社所在地　〒770-0851　徳島県徳島市徳島町城内2番地1
　　　　　　　　　　　とくぎんトモニプラザ1階

 香川オリーブガイナーズ　KAGAWA OLIVE GUYNERS

球団ロゴ
1 香川オリーブガイナーズのロゴは、香川県の特産品でもあるオリーブと地元の方言「ガイナー」＝「強い」という意味を組み合わせたオリーブ色のロゴになっています。
2 ロゴの形は、口のイメージで歯をくいしばり、がんばる姿を表現しています。

DATA

会社名　香川オリーブガイナーズ球団株式会社
球団社長　三野　環
創設年月日　2006年3月9日
HP　https://www.oliveguyners.jp/
本社所在地　〒761-8013　香川県高松市香西東町524-2

高知ファイティングドッグス KOCHI FIGHTING DOGS

球団ロゴ
1 高知ファイティングドッグスのロゴは、高知県のチャレンジ精神と闘争心を表す、闘犬をモチーフとしたロゴとなっています。
2 ロゴの形は、闘犬の牙をイメージし、力強さと情熱を表現しています。

DATA

会社名　株式会社高知犬
球団社長　山本裕司
創設年月日　2018年10月11日
HP　https://www.fighting-dogs.jp/
本社所在地　〒780-0087　高知県高知市南久保13-17

謝　辞

　本書は、2019 年 1 月に早稲田大学大学院スポーツ科学研究科に提出した
博士学位申請論文を加筆修正したものです。

　本研究を遂行するうえでご指導、ご鞭撻とご援助をいただいた方々に心よ
り感謝申し上げます。

　指導教員であり主査を務めていただいた早稲田大学スポーツ科学学術院の
武藤泰明教授には、本研究の構想からデータ分析、論文作成にいたるまで、
終始一貫して温かいご指導とご鞭撻をいただきました。甚大なる感謝の意を
表します。

　また博士論文の執筆を薦めてくださり、武藤泰明教授を紹介くださるな
ど、多大なご支援、ご指導を賜りました千葉大学の松野弘客員教授に深く感
謝いたしております。

　副査を務めていただいた早稲田大学スポーツ科学学術院の平田竹男教授、
中村好男教授からは、的確なコメントをいただき、同時に知的好奇心を刺激
されるさまざまな議論の機会をいただきました。心から感謝いたします。

　研究を進めるにあたり、重要なデータを提供していただいた方々にも感謝
の言葉を述べなければなりません。ドラフト制度が導入されて以降に入団し
たすべての選手を統一のデータベースに整理できたのは、株式会社ベースボ
ール・マガジン社の池田哲雄社長とデータスタジアム株式会社の松元繁取締
役執行役員の協力のおかげです。

　日本の独立リーグの関係者の皆様、ご協力、本当にありがとうございまし
た。一般社団法人日本独立リーグ機構の鍵山誠会長と森本美行常務理事、四
国アイランドリーグ plus の坂口裕昭理事長、ルートイン BC リーグの村山
哲二代表取締役と小松原鉄平取締役事務局長、信濃グランセローズの飯島泰

臣取締役会長、石川ミリオンスターズの端保聡社長から、多くの知見と情報をいただきました。

　球団経営の実務の世界から研究者に戻ったわたしを、顧問として迎え入れてくださり、独立リーグ関係者との懇談の機会を多く演出してくださるなどして、本研究を支援してくださった株式会社白寿生科学研究所の原浩之副社長はじめ皆様に深く感謝いたします。

　アメリカの野球関係者からも多大なる協力を賜りました。MLB 国際部長の Jim Small、東北楽天ゴールデンイーグルスの Marty Kuehnert シニアアドバイザーは、その人脈を惜しげなくご紹介くださいました。そして、実に寛容に、日本からの研究者の聞き取り調査に応じてくださった MLB、MiLB、American Association、Atlantic League、Can-Am League、そしてそれぞれの所属球団……ここに記しきれない多くの役職員の方々からたくさんの知見と情報をいただきました。

　快く聞き取り調査に応じてくださった日米の地方公共団体にも心より御礼申し上げます。福岡県福岡市、北海道札幌市、福岡県筑後市、Rockland County（New York）、City of South Bend（Indiana）の方々。とりわけ、見知らぬ日本人からの面会の要請に応えてくださった City of Reading（Pennsylvania）の Tom McMahon 市長（当時）、City of Gary（Indiana）の Karen Freeman-Wilson 市長には、御礼と敬意をここに表します。

　福岡ソフトバンクホークス球団で経営実務に携わることができたご縁なくして、今日の日を迎えることはできませんでした。日本のプロ野球球団の取締役を務めたことと、そこで王貞治会長に仕えていたことが、野球関係者や地方公共団体が快く取材に応じてくださった一因であることは間違いないでしょう。退任後も、定期的に会食の機会を作ってくださり、さまざまな知見を与えてくださった後藤芳光社長はじめ、在籍時にご一緒したすべての方に感謝申し上げます。

　武藤泰明研究室の仲間にも、いろいろとお世話になりました。とりわけ帝

京大学の大山高准教授と山梨学院大学の長倉富貴教授には、多くの助言をいただきました。

本研究の遂行にあたり、所属先の江戸川大学にもひとかたならぬお世話になりました。研究室をはじめとした研究設備の提供や研究費による助成をいただき、共同研究の仲間でもある経営社会学科の安田英土教授をはじめとした教職員の皆様からいただいた助言や激励に心より感謝申し上げます。

また、統計や論文などの知と情報の集積に、容易にアクセスできることを可能にしたインターネットなどの社会インフラにも大いに助けられました。

本書は、実にさまざまなご縁に支えられて書き上げることができました。ここに記しきれない多くの方々の学恩、ご支援によって本研究が成立していることを銘記し、深く感謝いたします。

本論文の書籍化にあたりましては、紀伊國屋書店の高井昌史代表取締役会長の後押しをいただきました。また、前著『スポーツの経済学』に引き続き、出版に漕ぎ着けるために、編集と調整に多大な労を執ってくださった大久保龍也部長との縁に感謝しております。そして、編集担当の伊藤香子さんにも、心よりお礼を申し上げます。

2019 年 8 月

小林　至

注釈と参考文献

【注釈】

1　https://www.kantei.go.jp/jp/singi/keizaisaisei/pdf/2016_zentaihombun.pdf（参照日 2017 年 6 月 1 日）

2　http://www.espn.com/mlb/news/story?id=1856626（参照日 2018 年 5 月 8 日）

3　https://www.forbes.com/sites/maurybrown/2017/11/22/mlb-sets-record-for-revenues-in-2017-increasing-more-than-500-million-since-2015/#8ae054f78803（参照日 2018 年 3 月 1 日）

4　NPB 事業会社化検討プロジェクト（NPB 実行委員会が設置した特別委員会、2009）による推定値

5　東洋経済新報社編『「会社四季報」業界地図』2017 年版、p.190

6　https://web.archive.org/web/20141209083342/http://www.j-league.or.jp/aboutj/document/jclub/1997-99/shushi1997_15.html（参照日 2016 年 6 月 15 日）

7　https://www.jleague.jp/docs/aboutj/club-h29kaiji.pdf（参照日 2018 年 3 月 21 日）

8　https://money.cnn.com/2018/04/19/news/companies/premier-league-record-revenue/index.html（参照日 2018 年 6 月 1 日）

9　武藤泰明（2013）『プロスポーツクラブのマネジメント：第 2 版』、p.69-75、東洋経済新報社

10　https://www.pwc.com/gx/en/hospitality-leisure/pdf/changing-the-game-outlook-for-the-global-sports-market-to-2015.pdf（参照日 2017 年 11 月 2 日）

11　中村好男（2003）「トップスポーツビジネス」新鐘 No.69　http://www.waseda.jp/student/shinsho/html/69/index69.html（参照日 2017 年 6 月 1

日）

12　横田真一（1999）「制度変化と組織：ドラフト制度とプロ野球球団の事例」奈良県立商科大学研究季報9⑷：21-31

13　ベースボール・マガジン社編（2014）『日本プロ野球80年史』ベースボール・マガジン社

14　池井 優（1993）「ドラフト・フリーエージェントの起源と発展」ジュリスト1032、p.7-11、有斐閣

15　奥島孝康（1993）「プロ野球協約と独禁法」ジュリスト1032、p.29-33、有斐閣

16　小笠原 正（1993）「職業選択の自由とプロ野球選手」ジュリスト1032、p.12-16、有斐閣

17　廣川祐太、松林秀樹（2010）「ドラフトに見るプロ野球戦力均衡化の可能性」関東学園大学紀要18、p.35-66、関東学園大学

18　黒田次郎・内田勇人・岡本悌二［他］（2004）「日本プロ野球のドラフト制度に関する研究⑵ドラフト指名順位・指名時所属先別にみた野球成績上位者の特徴」運動とスポーツの科学10⑴：37-41、日本運動・スポーツ科学学会

19　橘木俊詔・齋藤隆志（2012）『スポーツの世界は学歴社会』PHP新書

20　中山悌一（2015）『プロ野球選手のデータ分析［改訂版］』ブックハウス・エイチディ

21　石原豊一（2011）「日本におけるプロ野球マイナーリーグの持続的モデル構築に向けて」スポーツ産業学研究21 1、p.73-84

22　石原豊一（2013）「ローカルプロスポーツのビジネスモデルに関する一考察：『地域密着』型から『国際化』戦略へ」岐阜経済大学論集46⑶、p.103-119

23　石原豊一（2015）『もうひとつのプロ野球』白水社

24　小野里真弓（2009）「BCリーグのマーケティングに関する基礎的研究：群馬ダイヤモンドペガサスの観戦者調査を事例として」上武大学ビジネス情報学部紀要7⑵、p.73-82

25 田島良輝・神野賢治・糸川雅子（2010）「地域プロスポーツの観戦行動モデル構築に関する調査研究」金沢星稜大学総合研究所「年報」30、p.17-22

26 Arthur T. Johnson, 1995, Minor League Baseball and Local Economic Development, University of Illinois Press

27 Thomas A. Rhoads, 2015, The Call Up to the Majors, Springer

28 Arthur P. Solomon, 2012, Making It in the Minors: A Team Owner's Lessons in the Business of Baseball, McFarland

29 本論文における日本人選手とは、NPBにおいて、選手契約締結の時点で日本国籍である選手と、第82条（外国人選手）の(1)、(2)、(3)、(5)に該当する選手を指すこととする。

野球協約第82条（外国人選手）の(4)に当該する選手は、本論文では、日本人選手とは扱わない。野球協約第82条（外国人選手）の(4)「選手契約締結以後、この組織が定めるフリーエージェント資格を取得した者。当該選手はコミッショナー公示のあった年の次の年度連盟選手権試合シーズンからこの適用を受ける」。

30 http://npb.jp/draft/backnumber.html（参照日2017年11月1日）

31 https://www.bbm-japan.com/company（参照日2015年10月15日）

32 https://www.datastadium.co.jp/about/company.html（参照日2016年2月12日）

33 第82条（外国人選手）　日本国籍を持たない者は、外国人選手とする。ただし、以下の各号の1に該当する者はこの限りではない（なお、(4)号に規定する者については、この章の規定の適用に関する場合に限り、外国人選手でないものとみなす）。(1)選手契約締結以前に、日本の中学校、高等学校、日本高等学校野球連盟加盟に関する規定で加盟が認められている学校又は短大（専門学校を含む。）に通算3年以上在学した者。(2)選手契約締結以前に、日本の大学、全日本大学野球連盟の理事会において加盟が認められた団体に継続して4年以上在学あるいは在籍した者。(3)選手契約締結以前に、日本に5年以上居住し、かつ日本野球連盟に所属するチームに通算3年（シーズン）以上在籍した者。(4)選手契約締結以後、

この組織が定めるフリーエージェント資格を取得した者。当該選手はコミッショナー公示のあった年の次の年度連盟選手権試合シーズンからこの適用を受ける。(5)新人選手選択会議を経由して選手契約を締結し、選手契約締結前に日本の中学校、高等学校、日本高等学校野球連盟加盟に関する規定で加盟が認められている学校又は短大に通算して3年以上在学していなかった者で、その在学年数と支配下選手として公示後の年数（シーズン数）の合計が5年となった後、新たな年度連盟選手権試合シーズンを迎えた者。新人選手選択会議を経由して選手契約を締結し、選手契約締結前に日本の大学、全日本大学野球連盟の理事会において加盟が認められた団体に継続して4年以上在学あるいは在籍していなかった者で、その在学あるいは在籍年数と支配下選手として公示後の年数（シーズン数）の合計が5年となった後、新たな年度連盟選手権試合シーズンを迎えた者。この条項の適用を受ける支配下選手の承認は実行委員会で行うものとする。

34 第82条の2（外国人選手数）　球団は、任意の数の外国人選手を支配下選手として保有することができる。ただし、出場選手登録は4名以内に限られ、野手又は投手として同時に登録申請できるのは、それぞれ3名以内とする。

35 ドラフト会議がスタートした1965年以降、1978年までは、ドラフト会議において指名した選手の交渉権は、翌年のドラフト会議の前々日までであった。そうなっていた理由は不明だが、結果として、前日を「空白の一日」と解釈した「江川事件」以降はドラフト前日までとなった。その後、アマチュア球界の要望を受けて、交渉権の有効期限は短縮されており、現在は、学生の場合は、ドラフト会議の翌年3月まで、日本野球連盟所属の選手は翌年1月末となっている。

36 http://www.jaba.or.jp/team/clubteam/suii.pdf （参照日2017年6月1日）

37 http://www.jubf.net/alljapan/ （参照日2016年12月3日）

38 一般社団法人日本野球機構、2018、日本プロ野球育成選手に関する規約、日本プロフェッショナル野球協約。日本プロ野球選手会公式ホーム

ページに全文が公開されている。

http://jpbpa.net/up_pdf/1284364804-662377.pdf

39 ドラフト会議では、新人選手選択会議規約第1条に定められた新人選手が対象となる。すなわち、過去に日本プロ野球の球団に入団したことがない選手のうち、日本国籍をもっている、もしくは日本の中学校、高校とこれに準ずる学校、大学とこれに準ずる団体のいずれか（つまり一条校）に在学した経験をもつ選手である。日本の学校に在学中の場合には、ドラフト会議の翌年3月卒業見込み、大学の場合は4年間在学している選手であること。

40 ドラフト会議の起源は、1936年にNFLにおいてである。その趣旨はまさに、戦力の均衡と契約金の抑制であった。MLBでは、NPBと同じ1965年に導入された。

41 正式名称は、日本学生野球憲章。1950年（昭和25年）1月22日に制定された日本の学生野球の理念と方針を定めた憲章。憲章の全文は日本高等学校野球連盟のウェブサイトを参照されたい。https://www.student-baseball.or.jp/charter_rule/kenshou/pdf/charter.pdf
プロ野球との関係については、学生野球の純粋性やアマチュアリズムを守るために、プロ野球選手が高校、大学野球の選手を直接指導すること、並びにプロ野球関係者がそれらに金品などを授受することを禁じている。

42 1977年のドラフト会議で、クラウンライターライオンズの指名を受け、入団を拒否していた江川 卓投手が、翌1978年のドラフト会議前日に、プロ野球セ・リーグの読売ジャイアンツと電撃的な入団契約を結んだことに端を発した一連の騒動である。当時の野球協約では、ドラフト会議で交渉権を得た球団がその選手と交渉できるのは、翌年のドラフト会議の前々日までとされていた。これに対して、リーグは、巨人との契約は無効と裁定し、巨人はこの裁定に反発して、ドラフト会議をボイコットした。他球団は、巨人の抜け駆け契約を是とせず、4球団が江川をドラフト1位で指名して、抽選の結果、阪神が交渉権を得た。最後は、

超法規手段として、コミッショナーの強い要望として、江川は阪神に一度入団したうえで、トレードで巨人に入団することになった。なお本件は、江川問題、空白の一日と呼ばれ、日本中が騒然とした事件として広く知られている。

43　このように、NPBの人材確保の手段として重要な役割を果たしたドラフト外による選手獲得だが、総人数については、実は100％の正確さをもって断じることはできない。

たとえば、ウィキペディアの「ドラフト外入団」のページ（https://ja.wikipedia.org/wiki/%E3%83%89%E3%83%A9%E3%83%95%E3%83%88%E5%A4%96%E5%85%A5%E5%9B%A3）（参照日2017年8月15日）には663人と記してあるが、プロ野球関係者の間でも閲覧の多いウェブサイト～プロ野球データ管理室がまとめたデータ（http://www.din.or.jp/~nakatomi/draft/draft_gai.html）（参照日2017年8月15日）を集計すると466人であった。このデータに、ベースボール・マガジン社およびデータスタジアム社から提供を受けたデータベースを突き合わせ、それぞれから抜け漏れた選手を補足していくと、最終的な集計数字は683名であった。ウィキペディアの663名と、筆者が集計した683名のどちらを取るか。結論から言えば、後者の683名を母数とする。なぜか。まず、本研究の趣旨は4000人を超える、NPBに入団した日本人選手の出身母体を4つに分類して、その推移から浮かび上がってくる実態を分析するということである。したがって、ドラフト外で入団した人数が663名か683名かについては、全体の0.5％に満たない人数の差異であり、大きな問題とはならないのがひとつ。そして、人数の多いほうを取る理由は、当局であるNPBも、プロ野球のデータベースとして質・量ともに、最も信頼度の高い『週刊ベースボール』も、100％の正確さをもった公式なデータとして記録しているのは、公式戦に出場した選手のそれである。したがって、一軍出場のないまま退団をしたドラフト外で入団した選手は、抜け漏れしている可能性が高く、それは、入団していないのに入団したとカウントされている選手がいる可能性より高いと考える

のは、不自然なことではないと思えるのである。

44　http://www.jaba.or.jp/team/clubteam/suii.pdf(参照日 2017 年 6 月 15 日)

45　7 月 31 日は、当該年度に支配下選手登録ができる期限日である。つまり、2016 年あるいはそれ以前の育成ドラフトで指名を受けた育成選手が、2017 年に支配下選手に昇格できる最終期限日が 2017 年 7 月 31 日ということになる。

46　なお、支配下選手として登録されたことがある選手、あるいは外国人選手も育成選手として登録できるが、これらの選手は、育成選手から支配下登録選手に昇格しても新人として扱われないことから、本論における検討の対象ではない。

47　国民野球連盟（1947 年～ 1948 年）とグローバルリーグ（1969 年）

48　http://npb.jp/draft/backnumber.html （参照日 2017 年 7 月 31 日）

49　武藤泰明（2009）「プロスポーツクラブの地域密着活動の意味と意義は何か」調査研究情報誌「ECPR2009」No.1、p.3-8

50　四国の人口は、かつては 4 県で 400 万人、とても憶えやすいと言われたものだが、現在は、総務省による人口推計（2017 年 10 月 1 日時点）によれば、378 万 8000 人、前年から 3 万人の減少であり、高齢化率についても、高知の 34.2％を筆頭に、4 県とも 30％を超え、全国平均の 27.7％を大きく上回っている。

51　週刊ベースボール編集部、特集記事「BC リーグの懐事情」、『週刊ベースボール』2018 年 2 月 13 日号、p.26-27

52　愛媛マンダリンパイレーツ球団より提供いただいた決算報告書より。

53　一球団平均。J リーグ（2016 年度）、B リーグ（2016 年度）とも、リーグ HP において開示されている資料より、筆者作成。BC リーグについては、『週刊ベースボール』の「一般的な BCL 球団の運営モデルより」。

54　http://www.meti.go.jp/press/2017/06/20170615003/20170615003-1.pdf（参照日 2017 年 8 月 15 日）

55　http://thecomeback.com/theoutsidecorner/2015-articles/draft-pick-can-lose-says-no.html （参照日 2016 年 8 月 17 日）

56 米国のスポーツライターの Joseph Coblitz のコラム
（http://thecomeback.com/theoutsidecorner/2015-articles/draft-pick-can-
lose-says-no.html）（参照日 2016 年 3 月 4 日）

57 750 active 25-man roster players and 127 disabled, suspended,
restricted or paternity leave Major League players

58 https://www.mlb.com/news/opening-day-rosters-feature-254-players-
born-outside-the-us/c-270131918

59 http://www.espn.com/mlb/story/_/id/7779279/percentage-foreign-
major-league-baseball-players-rises

60 石原豊一（2013）『ベースボール労働移民』p.26、河出書房新社

61 https://business.nikkei.com/article/manage/20070913/134915/（　参
照日 2017 年 5 月 24 日）

62 Collective Bargaining Agreement（CBA）と呼ばれる。現行の契約は、
2017 年から 2021 年までの 5 年契約。CBA は、最低年俸、スケジュー
ルや移動の手段、医療保険、慶弔規定、分配金、クラブハウスなどの施
設環境、年金まで、選手の労働に関わるあらゆる条件が、373 頁にわた
って詳細に規定されている。

63 綱島理友事務所編（2015）『綱島理友のアメリカン・ベースボール徹底
攻略ブック』、ベースボール・マガジン社

64 石原豊一（2013）『ベースボール労働移民』p.39-41、河出書房新社

65 MLB Constitution, 2007, p.13-17, Major League Baseball

66 https://www.forbes.com/sites/sergeiklebnikov/2016/07/08/minor-
league-baseballs-most-valuable-teams/#4cedb93c50a1（参照日 2017 年 8
月 15 日）

67 https://www.forbes.com/sites/sergeiklebnikov/2016/07/08/minor-
league-baseballs-most-valuable-teams/#2e3e63e643b2（参照日 2017 年 8
月 15 日）

68 https://www.ibj.com/articles/53299-indians-sales-execs-new-ideas-
tripled-sponsorship-revenue（参照日 2017 年 8 月 15 日）

69 http://www.hartfordbusiness.com/article/20140616/PRINTEDITION/306139967/rocks-cats（参照日 2017 年 8 月 15 日）

70 http://www.teamservicesllc.com/（参照日 2017 年 8 月 15 日）

71 http://cityoffrederick.granicus.com/MetaViewer.php?view_id=12&clip_id=1627&meta_id=36453（参照日 2017 年 8 月 15 日）

72 https://www.sportsbusinessdaily.com/Journal/Issues/2018/07/23/Research-and-Ratings/MiLB-merchandise.aspx（参照日 2018 年 9 月 2 日）

73 https://www.bizjournals.com/charlotte/stories/2006/02/06/story1.html（参照日 2018 年 9 月 2 日）

74 https://www.charlotteobserver.com/news/local/article9158837.html（参照日 2018 年 9 月 2 日）

75 https://www.forbes.com/pictures/577c266631358e0aa22dd98d/2-charlotte-knights/#db431e21d0e3（参照日 2018 年 9 月 2 日）

76 https://commons.wikimedia.org/w/index.php?curid=32414198（参照日 2018 年 9 月 2 日）

77 http://www.baseballparks.com/indepth/charlotte/（参照日 2018 年 9 月 2 日）

78 下田武三（1988）『プロ野球回想録』p.25-27、ベースボール・マガジン社

79 http://www.baseball-lab.jp/column/entry/275/（参照日 2018 年 9 月 2 日）

80 週刊ベースボール編集部、『週刊ベースボール』p.20-21、2018 年 2 月 13 日号

81 http://www.jil.go.jp/kokunai/statistics/kako/2016/documents/useful2016.pdf（参照日 2017 年 11 月 4 日）

82 NPB や MLB における GM がチーム編成の責任者であるのに対して、独立リーグ、MiLB における GM は経営における責任者であり、オーナーの立場を代行しているものも多い。独立リーグの編成に責任者は監督

注釈と参考文献

である。

83 http://www.numbertamer.com/baseball_reports.html（参照日 2018 年 7
月 25 日）

84 http://www.americanassociationbaseball.com/league/league-
mapmileage/（参照日 2017 年 9 月 26 日）

85 https://canamleague.com/league-info/league-map-mileage/（参照日2017
年 9 月 26 日）

86 http://www.atlanticleague.com/about/about-us/（参照日 2017 年 9 月 26
日）

87 https://www.census.gov/data/tables/time-series/demo/income-
poverty/historical-poverty-thresholds.html（参照日 2017 年 9 月 26 日）

88 武藤泰明（2009）「プロスポーツクラブの地域密着活動の意味と意義は
何か」調査研究情報誌「ECPR」

89 https://www.forbes.com/sites/maurybrown/2014/12/10/major-league-
baseball-sees-record-9-billion-in-revenues-for-2014/（参照日 2017 年 9 月
26 日）

90 https://www.forbes.com/sites/maurybrown/2017/11/22/mlb-sets-
record-for-revenues-in-2017-increasing-more-than-500-million-since-
2015/#75d653357880（参照日 2017 年 9 月 26 日）

91 Baade and Matheson, 2013. "Financing Professional Sports Facilities,"
in Financing Economic Development in the 21st Century

92 2010 Census Interactive Population Search: CA, San Francisco city,
https://www.census.gov/2010census/popmap/ipmtext.php?fl=06:0667000
（参照日 2017 年 9 月 26 日）

93 https://web.archive.org/web/20131103114419/http://www.sos.ca.gov/
elections/ror/ror-pages/ror-odd-year-2013/political-sub.pdf（参照日
2017 年 9 月 26 日）

94 https://law.marquette.edu/assets/sports-law/pdf/ls-mlb-milwaukee.
pdf（参照日 2017 年 9 月 26 日）

95 https://suburbanstats.org/population/maryland/how-many-people-live-in-baltimore（参照日 2017 年 9 月 26 日）

96 Andrew Zimbalist and Roger G. Noll, 1997, Sports, Jobs, and Taxes: The Economic Impact of Sports Teams and Stadiums, Brookings Institution をはじめ、スタジアムの経済効果については無数の論文が発表されている。近年では、Dennis Coates, 2015, Growth Effects of Sports Franchises, Stadiums, and Arenas: 15 Years Later, Mercatus Working Paper が経済学者による、スタジアムの経済効果に関する研究の蓄積を整理し、経済効果が顕著な例は認められないとしている。

97 https://suburbanstats.org/population/ohio/how-many-people-live-in-cleveland（参照日 2017 年 9 月 26 日）

98 たとえば、Myers, Griffin, 2017, The Economic Effect of Sports Stadiums on Local Economies, Allegheny College DSpace Repository が過去の経済効果の検証についてまとめている。

99 武藤泰明 (2009)「プロスポーツクラブの地域密着活動の意味と意義は何か」調査研究情報誌「ECPR」

100 当時大手の自動車会社：1954 年に吸収合併され、58 年にストゥードベーカー名の自動車の生産中止

101 http://www.milb.com/content/page.jsp?ymd=20081112&content_id=41147034&sid=t550&vkey=team1（参照日 2017 年 9 月 26 日）

102 https://www.sapporo-dome.co.jp/company/kessan.html（参照日 2017 年 9 月 26 日）

103 http://thesportlobby.com/nfl-mlb-top-list-of-biggest-lobbyist-spenders-in-2016/（参照日 2017 年 9 月 26 日）

104 Ｊリーグはその理念として以下を謳っている。「豊かなスポーツ文化の振興及び国民の心身の健全な発達への寄与」

105 東北楽天ゴールデンイーグルスの経済効果について　https://www.pref.miyagi.jp/uploaded/attachment/609801.pdf（参照日 2017 年 9 月 26 日）

注釈と参考文献

106 Costs: The Rest of the Economic Impact Story, Journal of Sport Management, 2013

107 May the Best Team Win: Baseball Economics and Public Policy, Brookings Institution Press, 2004

108 https://www.nimh.nih.gov/health/statistics/mental-illness.shtml（参照日 2018 年 9 月 17 日）

109 https://www.kantei.go.jp/jp/singi/keizaisaisei/pdf/2016_zentaihombun.pdf（参照日 2018 年 9 月 17 日）

110 http://www.meti.go.jp/press/2017/06/20170615003/20170615003-1.pdf（参照日 2018 年 9 月 17 日）

111 『月刊体育施設』2018 年 4 月号、p.5、体育施設出版

112 中村好男（2003）「トップスポーツビジネス」新鐘 No.69　http://www.waseda.jp/student/shinsho/html/69/index69.html（参照日 2018 年 9 月 17 日）

113 http://www.waseda.jp/sem-hirata/kenkyuusitu.html（参照日 2018 年 9 月 17 日）

114 http://www.waseda.jp/sem-hirata/kenkyuusitu.html（参照日 2018 年 9 月 17 日）

115 平田竹男（2017）『スポーツビジネス最強の教科書：第 2 版』東洋経済新報社

【参考文献】

- Rodney Fort（2011）Sports Economics, Prentice Hall
- George Foster ほか（2005）The Business of Sports, South-Western
- Chris Gratton ほか（2014）The Global Economics of Sport, Routledge
- Arthur T. Johnson（1995）Minor League Baseball and Local Economic Development, University of Illinois Press
- Alan M. Klein（2006）Growing The Game: The Globalization of Major League Baseball, Yale University Press
- Michael Leeds ほか（2018）The Economics of Sports, Routledge
- Young Hoon Lee ほか（2014）The Sports Business in The Pacific Rim, Springer
- Thomas A. Rhoads（2015）The Call Up to The Majors, Springer
- Arthur P. Solomon（2012）Making It in The Minors: A Team Owner's Lessons in the Business of Baseball, McFarland
- Andrew Zimbalist（2010）May The Best Team Win, Brookings
- ＡＫＩ猪瀬（2016）『メジャーリーグスタジアム巡礼』エクスナレッジ
- 赤坂英一（2015）『プロ野球「第二の人生」』講談社
- 石原豊一（2011）「現代社会における若者の現実逃避的行動についての一考察──「自分探し」の延長線上のプロアスリート」立命館人間科学研究 23、p.59-74
- 石原豊一（2013）『ベースボール労働移民──メジャーリーグから「野球不毛の地」まで』河出書房新社
- 石原豊一（2011）「日本におけるプロ野球マイナーリーグの持続的モデル構築に向けて──野球ビジネスの日米比較から」スポーツ産業学研究 21 （1）、p.73-84
- 石原豊一（2012）「公共財としてのマイナーリーグ：日本における独立野球リーグの持続的なビジネスモデル構築への提言」岐阜経済大学論集 45 （3）、p.151-166

注釈と参考文献

◆ 石原豊一（2013）「ローカルプロスポーツのビジネスモデルに関する一考察：「地域密着」型から「国際化」戦略へ」岐阜経済大学論集 46.3、p.103-119

◆ 石原豊一（2015）『もうひとつのプロ野球――若者を誘引する「プロスポーツ」という装置』白水社

◆ 伊藤歩（2017）『ドケチな広島、クレバーな日ハム、どこまでも特殊な巨人――球団経営がわかればプロ野球がかわる』星海社新書

◆ 泉直樹（2008）『ドラフト下位指名ならプロへ行くな！――データで読むプロ野球で成功するための条件』実業之日本社

◆ 一般社団法人日本野球機構（2014）「日本プロフェッショナル野球協約」

◆ 石井昌幸・井上俊也ほか（2017）『スタジアムとアリーナのマネジメント』創文企画

◆ 猪谷千春（2013）『IOC――オリンピックを動かす巨大組織』新潮社

◆ 池井優（1993）「ドラフト・フリーエージェントの起源と発展」ジュリスト 1032、p.7-11、有斐閣

◆ 内海和雄（2004）『プロ・スポーツ論――スポーツ文化の開拓者』創文企画

◆ 宇佐見陽（2001）『大リーグと都市の物語』平凡社新書

◆ 小野里真弓（2009）「BCリーグのマーケティングに関する基礎的研究：群馬ダイヤモンドペガサスの観戦者調査を事例として」上武大学ビジネス情報学部紀要 7.2.、p.73-82

◆ 岡崎満義・杉山茂ほか（2009）『スポーツアドバンテージ・ブックレット3：企業スポーツの撤退と混迷する日本のスポーツ』創文企画

◆ 小川勝（2012）『オリンピックと商業主義』集英社新書

◆ 大坪正則（2007）『スポーツと国力――巨人はなぜ勝てない』朝日新書

◆ 岡田功（2010）『メジャーリーグ なぜ「儲かる」』集英社新書

◆ 大山高（2016）『Jリーグが追求する「地域密着型クラブ経営」が未来にもたらすもの』青娥書房

◆ 片田珠美（2010）『一億総ガキ社会――「成熟拒否」という病』光文社新書

- 加藤恵津子（2009）『「自分探し」の移民たち——カナダ・バンクーバー、さまよう日本の若者』彩流社
- 苅谷剛彦（2001）『階層化日本と教育危機——不平等再生産から意欲格差社会へ』有信堂
- 川井圭司（2003）『プロスポーツ選手の法的地位』成文堂
- 清宮政宏（2016）「プロ野球独立リーグにおける顧客関連性の構築に関する一考案：ルートイン BC リーグでの様々な顧客接点が果たす役割を通して」彦根論叢 407、p.36-54
- 橘川武郎・奈良堂史（2009）『ファンから観た プロ野球の歴史』日本経済評論社
- 喜瀬雅則（2016）『牛を飼う球団』小学館
- 楠木建（2010）『ストーリーとしての競争戦略』東洋経済新報社
- 黒田次郎・内田勇人・岡本悌二［他］（2004）「日本プロ野球のドラフト制度に関する研究(2)ドラフト指名順位・指名時所属先別にみた野球成績上位者の特徴」p.37-41、日本運動・スポーツ科学学会
- 日本運動・スポーツ科学学会「運動とスポーツの科学」10(1)
- アレン・グットマン（1997）『スポーツと帝国——近代スポーツと文化帝国主義』昭和堂
- 小関順二（2007）『プロ野球でモノになる奴の法則』廣済堂出版
- 澤宮優（2010）『ひとを見抜く——伝説のスカウト河西俊雄の生涯』河出書房新社
- 佐藤慶明・入口豊・西島吉典（2014）「我が国のプロサッカークラブの経営に関する事例的研究(2)　J2「徳島ヴォルティス」を中心に」大阪教育大学紀要（教育科学）63(1)、p.45-54
- 斉藤健仁（2015）『死ぬまでに行きたい 欧州サッカースタジアム巡礼』エクスナレッジ
- 笹川スポーツ財団編（2017）『スポーツ白書 2017』笹川スポーツ財団
- 佐野昌行ほか（2014）『図表で見るスポーツビジネス』叢文社
- 坂井保之・永谷脩（2013）『西武と巨人のドラフト 10 年戦争』宝島社

注釈と参考文献

◆ 司馬遼太郎（2005）『ワイド版 街道をゆく 26：嵯峨散歩、仙台・石巻』朝日新聞社

◆ 下川裕治（2007）『日本を降りる若者たち』講談社現代新書

◆ 下村英雄（2002）「フリーターの職業意識とその形成過程——「やりたいこと」志向の虚実」

◆ アンドリュー・ジンバリスト（2016）『オリンピック経済幻想論』ブックマン社

◆ ステファン・シマンスキーほか（2006）『サッカーで燃える国 野球で儲ける国』ダイヤモンド社

◆ 鈴木透（2018）『スポーツ国家アメリカ——民主主義と巨大ビジネスのはざまで』中央公論新社

◆ 鈴木友也（2011）『勝負は試合の前についている！——米国スポーツビジネス流「顧客志向」7つの戦略』日経BP社

◆ バーバラ・スミット（2010）『アディダス vs プーマ もうひとつの代理戦争』武田ランダムハウスジャパン

◆ 住田健・前田和範・大沼博靖・中西健一郎（2017）「地域スポーツリーグ観戦者の特性把握：高知ファイティングドッグスを事例に」スポーツと人間2(1)、p.89-99、静岡産業大学スポーツ教育研究所

◆ フェラン・ソリアーノ（2009）『ゴールは偶然の産物ではない』アチーブメント出版

◆ 田島良輝・神野賢治・糸川雅子（2010）「地域プロスポーツの観戦行動モデル構築に関する調査研究」金沢星稜大学総合研究所年報30、p.17-22

◆ 谷塚哲（2017）『変わる！日本のスポーツビジネス』カンゼン

◆ 橘木俊詔・齋藤隆志（2012）『スポーツの世界は学歴社会』ＰＨＰ新書

◆ 橘木俊詔（2016）『プロ野球の経済学——労働経済学の視点で捉えた選手、球団経営、リーグ運営』東洋経済新報社

◆ 田崎健太（2008）『楽天が巨人に勝つ日——スポーツビジネス下克上』学研新書

◆ 橘木俊詔（2005）「プロ野球と労働市場」日本労働研究雑誌537、p.14-16

- 綱島理友事務所編（2015）『綱島理友のアメリカン・ベースボール徹底攻略ブック』ベースボール・マガジン社
- 電通メディアイノベーションラボ編（2018）『情報メディア白書 2018』ダイヤモンド社
- 友添秀則・勝田隆・川谷茂樹・陣野俊史・竹村瑞穂・滝口隆司・高峰修・井谷聡子・香山リカ・伊藤雅充・安藤悠太・上柿和生・宇都宮徹壱・小野雄大（2015）『現代スポーツ評論 32』創文企画
- 友添秀則・宮田由紀夫・中村哲也・花内誠・高橋義雄・川井圭司・生島淳・玉木正之・滝口隆司・上柿和生・後藤健生・岡崎満義・小野雄大（2017）『現代スポーツ評論 36』創文企画
- 豊浦彰太郎（2014）『ビジネスマンの視点で見る MLB と NPB』彩流社
- 成田康昭（1986）『「高感度人間」を解読する』講談社現代新書
- 中村計（2010）『甲子園が割れた日——松井秀喜 5 連続敬遠の真実』新潮文庫
- 永田順也・藤本淳也・松岡宏高（2007）「オリックス・バファローズのスタジアム観戦者の特性に関する研究：元大阪近鉄バファローズファンと元オリックス・ブルーウェーブファンに注目して」大阪体育大学紀要 38、p.44-51
- 永谷稔・千葉直樹・畠山孝子（2012）「北海道におけるプロスポーツチームと地域連携について」北翔大学生涯スポーツ学部研究紀要 3、p.41-49
- 中島隆信（2016）『高校野球の経済学』東洋経済新報社
- 永田靖（2012）「オリンピックにおけるビジネスモデルの検証：商業主義の功罪」広島経済大学経済研究論集、35（3）、p.31-40
- 中山悌一（2015）『プロ野球選手のデータ分析［改訂版］』ブックハウスHD
- 並木裕太（2013）『日本プロ野球改造論』ディスカヴァー携書
- 二宮浩彰（2010）「プロスポーツ・ファンの地域愛着とスポーツ観戦者行動」スポーツ産業学研究 20（1）、p.97-107
- 西崎信男（2017）『スポーツマネジメント入門——プロ野球とプロサッカ

ーの経営学：第2版』税務経理協会

◆ 二宮清純（2012）『プロ野球の職人たち』光文社新書

◆ 日本経済新聞運動部編（2003）『プロ野球よ！──浮上せよ「魅せる9イ ニング」』日経ビジネス人文庫

◆ 根本真吾（2005）『アメリカでプロになる！──アメリカ・スポーツ界で 活躍する方法』彩流社

◆ 橋本健二（2006）『階級社会──現代日本の格差を問う』講談社選書メチ エ

◆ 速水健朗（2008）『自分探しが止まらない』ソフトバンク新書

◆ ジェフ・パッサン（2017）『豪腕 使い捨てされる15億ドルの商品』ハー パーコリンズ・ジャパン

◆ 原田宗彦（2016）『スポーツ都市戦略』学芸出版社

◆ ハーバード・ビジネス・スクール（2010）『ケース・スタディ日本企業事 例集』ダイヤモンド社

◆ 原田宗彦（2002）『スポーツイベントの経済学』平凡社新書

◆ 広尾晃（2016）『野球崩壊──深刻化する「野球離れ」を食い止めろ！』 イースト・プレス

◆ デクラン・ヒル（2014）『あなたの見ている多くの試合に台本が存在す る』カンゼン

◆ 広瀬一郎（2006）『サッカーマーケティング』ブックハウスHD

◆ 平田竹男（2017）『スポーツビジネス最強の教科書：第2版』東洋経済新 報社

◆ 廣川祐太、松林秀樹（2010）「ドラフトに見るプロ野球戦力均衡化の可能 性」関東学園大学紀要18、p.35-66

◆ 藤田結子（2008）『文化移民──越境する日本の若者とメディア』新曜社

◆ アルバート・プティパほか（2005）『スポーツ選手のためのキャリアプラ ンニング』大修館書店

◆ ハロルド・L・ヴォーゲル（2013）『ハロルド・ヴォーゲルのエンタテイン メント・ビジネス』慶應義塾大学出版会

- 福田岳洋（2015）「MiLB 本拠地の立地条件と観客増員策の日本プロ野球2軍での実行可能性」早稲田大学大学院スポーツ科学研究科修士論文
- ベースボール・マガジン社編（2014）『日本プロ野球80年史』ベースボール・マガジン社
- ロバート・ホワイティング（2007）『世界野球革命』ハヤカワ文庫
- ジョセフ・H・ボイエットほか（2014）『経営革命大全 新装版』日経ビジネス人文庫
- 松本卓也・柳沢和雄・川邊保孝・関根正敏（2012）「プロスポーツクラブと地域の関係性に関する研究：Jリーグクラブのホームタウン移転をめぐって」体育経営管理論集4、p.35-42
- 松橋崇史・金子郁容・村林裕（2016）『スポーツのちから——地域をかえるソーシャルイノベーションの実践』慶應義塾大学出版会
- 町田光・西崎信男・藤井翔太・木村正明・佐野慎輔・伊藤直也・井上俊也・佐藤直司・梶原健・阿部正三・木内勝也・松岡宏高・武藤泰明（2016）『スポーツ・ファン・マネジメント』創文企画
- 町田光・佐野慎輔・廣田利幸・東俊介・中村考昭・日置貴之・平野祐司・滝口隆司・新雅史・渋谷茂樹・中村英仁・市橋秀夫・武藤泰明（2016）『企業スポーツの現状と展望』創文企画
- 間野義之（2015）『奇跡の3年 2019・2020・2021 ゴールデン・スポーツイヤーズが地方を変える』徳間書店
- 町田光・渋谷茂樹・日置貴之・伊藤宏一・光武誠吾・市橋秀夫・佐野慎輔・坂田信久・松岡宏高・福田裕大・鷲崎早雄・武藤泰明（2015）『スポーツリテラシー』創文企画
- 町田光・松岡宏高・倉石平・佐藤尚平・石井昌幸・窪田暁・市橋秀夫・山下修作・原田宗彦・山口拓・武藤泰明（2014）『グローバル・スポーツの課題と展望』創文企画
- 町田光・武藤泰明・市橋秀夫・石井昌幸・ジェフリー・ヒル・中村聡・原田宗彦・間野義之・松岡宏高（2013）『スポーツマネジメント教育の課題と展望』創文企画

- クレイグ・マクギル（2002）『サッカー株式会社』文藝春秋
- 間野義之（2007）『公共スポーツ施設のマネジメント』体育施設出版
- 村山哲二（2011）『もしあなたがプロ野球を創れと言われたら——「昇進」より「夢」を選んだサラリーマン』ベースボール・マガジン社
- 武藤泰明（2013）『プロスポーツクラブのマネジメント：第2版』東洋経済新報社
- 武藤泰明（2008）『スポーツファイナンス』大修館書店
- 武藤泰明（2012）『大相撲のマネジメント——その実力と課題』東洋経済新報社
- 武藤泰明ほか（2018）『スポーツ・エクセレンス』創文企画
- 山田昌弘（2007）『希望格差社会——「負け組」の絶望感が日本を引き裂く』ちくま文庫
- 横尾弘一（2009）『都市対抗野球に明日はあるか——社会人野球、変革への光と闇』ダイヤモンド社
- 読売新聞運動部（2002）『誤解だらけの大リーグ神話』中公新書ラクレ
- 横田真一（1999）「制度変化と組織：ドラフト制度とプロ野球球団の事例」奈良県立商科大学研究季報9(4)、p.21-31
- 涌田龍治（2004）「スポーツ・スポンサーシップ研究序説：観戦スタイル普及におけるオピニオン・リーダーシップへの影響」スポーツ産業学研究14(1)、p.1-11
- 渡邉恒雄（2005）『わが人生記』中公新書ラクレ

【参考ウェブサイト】
※脚注で挙げたものを除く
- Deloitte Football Money League 2015；https://www2.deloitte.com/content/dam/Deloitte/global/Documents/Audit/gx-football-money-league-2015.pdf
- FIFA.com；https://www.fifa.com　IOC；https://www.olympic.org/the-ioc　JOC；https://www.joc.or.jp

◆MLB.com；https://www.mlb.com
◆NUMBER TAMER；http://numbertamer.com/files/2017MinorLeague Analysis3.pdf
◆PwC Outlook for the global sports market to 2015；https://www.pwc. com/gx/en/industries/hospitality-leisure/publications/changing-the-game-outlook-for-the-global-sports-market-to-2015.html
◆Sporting Intelligence；http://www.sportingintelligence.com
◆The Sports Market AT Kearney；https://www.atkearney.com/ documents/10192/6f46b880-f8d1-4909-9960-cc605bb1ff34
◆Winning in the Business of Sports AT Kearney；https://www. atkearney.com/documents/10192/5258876/Winning+in+the+Business+ of+Sports.pdf/ed85b644-7633-469d-8f7a-99e4a50aadc8
◆スポーツの振興（文部科学省）；http://www.mext.go.jp/a_menu/05_a.htm
◆日本野球連盟；http://www.jaba.or.jp/

〈著者略歴〉

小林 至（こばやし・いたる）

江戸川大学教授、博士（スポーツ科学）。

1968年生まれ。神奈川県出身。92年、千葉ロッテマリーンズにドラフト8位で入団。史上3人目の東大卒プロ野球選手となる。93年退団。翌94年から7年間、アメリカに在住。その間、コロンビア大学で経営学修士号（MBA）を取得。2002年より江戸川大学助教授（06年から教授）。05年から14年まで福岡ソフトバンクホークス取締役を兼任。パ・リーグの共同事業会社「パシフィックリーグマーケティング」の立ち上げや、球界初となる三軍制の創設、FA・外国人選手の獲得に尽力した。2019年、博士号取得（早稲田大学スポーツ科学学術院）。

テンプル大学、立命館大学、桜美林大学、サイバー大学で客員教授、一般社団法人大学スポーツ協会理事、スポーツ庁スタジアム・アリーナ推進官民連携協議会幹事。

近著『スポーツの経済学』（PHP研究所）など著書、論文多数。家族は妻と2男1女。

〈監修者略歴〉

武藤泰明（むとう・やすあき）

早稲田大学教授。東京大学卒。同大学院修士課程修了。三菱総合研究所主席研究員を経て2006年より現職。2008年7月より大銀経済経営研究所取締役会長。

著書に、『マネジメントの最新知識』『［決定版］ほんとうにわかる経営戦略』（以上、PHPエディターズ・グループ）、『持株会社経営の実際』『ビジュアル経営の基本』（以上、日本経済新聞出版社）、『ファンド資本主義とは何か』（東洋経済新報社）など多数がある。

装丁　神長文夫＋松岡昌代

プロ野球ビジネスのダイバーシティ戦略
改革は辺境から。地域化と多様化と独立リーグと

2019年9月10日　第1版第1刷発行

著　者	小	林		至
監修者	武	藤	泰	明
発行者	清	水	卓	智

発行所　株式会社PHPエディターズ・グループ
〒135-0061　江東区豊洲5-6-52
☎03-6204-2931
http://www.peg.co.jp/

発売元　株式会社PHP研究所
東京本部　〒135-8137　江東区豊洲5-6-52
普及部　☎03-3520-9630
京都本部　〒601-8411　京都市南区西九条北ノ内町11
PHP INTERFACE　https://www.php.co.jp/

印刷所
製本所　図書印刷株式会社

© Itaru Kobayashi & Yasuaki Muto 2019 Printed in Japan　　ISBN978-4-569-84370-4
※本書の無断複製（コピー・スキャン・デジタル化等）は著作権法で認められた場合
を除き、禁じられています。また、本書を代行業者等に依頼してスキャンやデジタル
化することは、いかなる場合でも認められておりません。
※落丁・乱丁本の場合は弊社制作管理部（☎03-3520-9626）へご連絡下さい。送料弊社
負担にてお取り替えいたします。

ＰＨＰの本

本の力

われら、いま何をなすべきか

書店界のトップリーダーが、縮小を続ける出版界に警鐘を鳴らし、いかにして元気を取り戻すかを、情熱をこめて説き明かす。

高井昌史 著

定価 本体一、五〇〇円（税別）